CB079174

# Átila

Série Biografias **L&PM** Pocket:

*Átila* – Éric Deschodt
*Balzac* – François Taillandier
*Freud* – René Major e Chantal Talagrand
*Gandhi* – Christine Jordis
*Júlio César* – Joël Schmidt
*Kafka* – Gérard-Georges Lemaire
*Kerouac* – Yves Buin
*Luís XVI* – Bernard Vincent
*Michelangelo* – Nadine Sautel
*Modigliani* – Christian Parisot
*Picasso* – Gilles Plazy
*Shakespeare* – Claude Mourthé

Éric Deschodt

# Átila

*Tradução de* Rejane Janowitzer

www.lpm.com.br

L&PM POCKET

Coleção **L&PM** Pocket, vol. 690
Série Biografias/11

Título original: *Attila*

Primeira edição na Coleção **L&PM** POCKET: abril de 2008

*Tradução*: Rejane Janowitzer
*Capa*: *Projeto gráfico* – Editora Gallimard
*Ilustrações da capa:* Átila, rei dos hunos. Artista desconhecido. © The Print Collector/ Heritage-Images/ Imagestate. Saint-Loup, bispo de Troyes, negocia para que Átila poupe Troyes e a região da Champagne. Gravura do século XIX. © Rue des Archives/Tal
*Revisão*: Elisângela Rosa dos Santos e Lia Cremonese

CIP-Brasil. Catalogação-na-Fonte
Sindicato Nacional dos Editores de Livros, RJ

---

D485a Deschodt, Éric, 1937-
Átila / Éric Deschodt ; tradução de Rejane Janowitzer. – Porto Alegre, RS : L&PM, 2008.
192p. : . – (L&PM Pocket ; v.690. Biografias)

Tradução de: Attila
Anexos
Inclui bibliografia
ISBN 978-85-254-1749-7

1. Átila, m. 453. 2. Hunos - Biografia. 3. Hunos - História. I. Janowitzer, Rejane. II. Título. III. Série.

08-1224. CDD: 923.1
CDU: 929:94(36)

---


Rua Comendador Coruja, 314, loja 9 – Floresta – 90220-180
Porto Alegre – RS – Brasil / Fone: 51.3225.5777 – Fax: 51.3221-5380

PEDIDOS & DEPTO. COMERCIAL: vendas@lpm.com.br
FALE CONOSCO: info@lpm.com.br
www.lpm.com.br

Impresso no Brasil
Outono de 2008

# Sumário

Origens / 7
Despertar / 11
Cobiças / 13
Impressões / 15
Timidezes? / 18
Átila / 20
Situação / 21
Nascimento / 24
Aécio / 26
Perturbações / 29
Números / 31
Refém / 33
Aprendizados / 38
Nuances / 42
Império, para nós dois! / 43
Constituição do império / 46
Na China / 49
O tratado de Margus / 52
Benevolência e ferocidade / 59
Progresso / 61
A espada de Marte / 65
Vingança / 69
Vingança, a seguir / 72
Primeiro enigma / 74
Pacificação / 76
Negociação 1 / 79
Metrofobia? / 82
Negociação 2 / 85
Embaixada / 91
Fracasso do complô / 99
A humilhação de Constantinopla / 103
Roma / 108
Ruptura / 111

Desregramentos / 113
Bagaudas / 120
A obsessão ocidental / 123
Concentração! / 127
Paris / 135
Lentidões / 139
Esquiva / 144
Os campos cataláunicos / 149
Adeus, Gália / 153
Ruminações / 158
Testamento / 162
Leão, o Grande / 163
Por quê? / 172
Final de combate / 179

ANEXOS
Referências cronológicas / 185
Referências bibliográficas / 186
Notas / 188
Sobre o autor / 189

# Origens

O nome de Átila continua célebre no Ocidente mais de quinze séculos após sua morte, bem além do círculo estreito dos historiadores das grandes invasões e do fim do Império Romano. Ele é sinônimo de massacre e de devastação. Assim como seu povo, que era o povo huno.

Os hunos, bem antes dele, espalhavam o pavor; com ele, os limites foram recuados e não mais foram ultrapassados.

Hunos na Europa, hiong-nu na China. Hunos e hiong-nu foram dois ramos de uma mesma nebulosa de hordas estabelecidas, se ousarmos dizer, na Sibéria oriental, ao norte da Mongólia.

Do Pacífico ao Atlântico, da China até a Europa, hunos e hiong-nu espalharam o terror durante cinco séculos; Átila foi seu apogeu.

Quem eram eles?

Cavaleiros. Cavaleiros antes de tudo. Cavaleiros na alma. Cavaleiros armados de arcos. Arqueiros a cavalo.

Hoje, que a mecânica matou o cavalo, não se compreende mais o sentido exato da dupla translação – vertical e temporal – que fazia do homem a cavalo não um super-homem completo – às vezes era preciso botar o pé no chão –, mas um esboço de super-homem. Maior e mais rápido do que os homens comuns, enxergando mais longe, andando mais rápido – é preciso ver longe para ir mais rápido – do que o comum dos mortais. Os hunos se prevaleciam sem pejo dessa dupla vantagem.

Cavaleiros de origem turca ou mongol – a questão é mal resolvida – que erravam desde sempre pela alta Ásia. Criadores nômades como todo mundo entre a Sibéria e Gobi. Mas, ao contrário de todo mundo, suas tropas não os obcecavam: davam preferência às dos outros. A rapina poupava os cuidados com o gado.

Viviam de pilhagens e resgates, temperando com massacres gratuitos a monotonia de suas corridas. Gratuitos? Não chegam a isso. Não é proibido pensar que, ao menos em alguns deles, essas matanças – patinhar no sangue – provocava o maior dos prazeres. Oficialmente, esses massacres eram estratégicos, não tendo por objetivo senão engendrar o pânico que lhes facilitava a tarefa. A rendição sem condição de suas vítimas.

Turcos, mongóis ou turco-mongóis, os hunos do Norte – hiong-nu na China – e os hunos do Oeste – hunos negros e hunos brancos (mais tarde a distinção será feita) – são todos originários da Ásia das estepes, que se estende por milhões de quilômetros quadrados entre a Sibéria ao norte, o Tibet e o rio Amarelo ao sul, o Pacífico a leste e o Altai a oeste.

Um breve olhar sobre os hunos do Norte é aqui necessário, pois sem eles os hunos do Oeste não teriam existido.

Os hiong-nu aparecem nos anais chineses no século III antes de Cristo.

O centro de seu poder estava instalado no norte da Mongólia, na Sibéria Oriental, na bacia do Orkhon, afluente do Selenga que alimenta o lago Baikal, não longe de Karakorum onde mil anos mais tarde um outro mongol, Ogodei, terceiro filho de Gengis Khan, instalará sua capital antes de conquistar a China.

Atravessando a Mongólia, os hiong-nu multiplicavam as incursões nas províncias setentrionais do império. Os chineses, mesmo que já muito numerosos, eram rapidamente cercados. Seus cavaleiros eram ridículos em suas longas túnicas tradicionais que os paralisam na sela. Terminavam cortados em pedaços.

Então o império – coisa inconcebível – pisoteou seu orgulho. Fato inaudito, o Filho do Céu ordenou a seus esquadrões que substituíssem a túnica dos han pelas calças de seus inimigos, as vastas pantalonas das estepes apertadas nos tornozelos. Com isso, os chineses ganharam agilidade, mas sobretudo para sair em disparada diante dos arqueiros extremamente precisos do Norte. Pois pantalonas não fazem arqueiros.

Desesperados para vencer os hunos em campo aberto, o império acelerou a construção da Grande Muralha; ela será completada por volta do ano de 215, mas jamais será impenetrável.

A Grande Muralha era um desafio que imantava os hunos. Eles se atreveram. No final do século III, ocuparam a Mongólia.

No século II, eles desalojaram, a cavalo, pela longa muralha, os yue-tche do Kan-su, província noroeste do império. Primeira onda de uma série que varrerá a Europa, os yue-tche fogem para o oeste. (Esses yue-tche são os tokhares dos autores gregos da época, os mesmos que no Afeganistão tiraram a Bactriana dos sucessores de Alexandre, apagando por vinte séculos da Ásia central as influências ocidentais.)

Em 161, os hunos avançaram pelo Chen-si, ao longo do rio Amarelo, queimaram um palácio imperial em Huei-tchong e ameaçaram Tchgong-ngong, a capital da época.

Em 142, atacaram a Grande Muralha em direção ao Iêmen, ao norte do Chen-si.

Em 129, devastaram a região de Pequim.

Em 127, os chineses se recuperaram, aproveitando-se das divisões do inimigo. Divididos, portanto enfraquecidos, os hunos foram repelidos para a alta Mongólia.

Em 108, os chineses passaram à ofensiva. Foram buscar na Transoxiana – no Ferghana de hoje, que é parte do Uzbequistão – grandes cavalos dessa região, na esperança de sobrepujar os pequenos cavalos dos hunos.

No ano 102, atravessando a metade da Ásia, o general Li Kuang-li perdeu no caminho, de fome e de sede, a metade de seus sessenta mil homens, mas trouxe para a China três mil daqueles cavalos de batalha, razão pela qual seu renome atravessou os séculos.

Por volta do ano de 60, sempre divididos, os hunos continuaram a perder terreno. Os chineses conseguiram o domínio da rota da seda no Tarim – entre o Tibet e o lago Balkash –, até então sob o controle exorbitante de seus inimigos.

Esses reveses não tornaram os hunos mais bem-comportados. Cultivaram suas discórdias a ponto de, em 51, o chefe Hu-han-yé pedir a proteção chinesa contra seu rival Tche-tche. Sobrepujado, este último foi embora em 44, como os tokhares, para tentar a sorte no oeste. Espalharam-se pelo Turquestão russo até o mar de Aral. O Cáucaso não está mais muito longe. Do outro lado, a Europa começa. Mas a catástrofe não vai acontecer imediatamente.

Em 36, a constituição por Tche-tche de um império huno do Oeste ia bem até ele ser surpreendido pelo general chinês Tcheng-tong, que o capturou e lhe cortou a cabeça. Os hunos do Oeste saíram da História por trezentos anos.

Em 33, Hu-han-yé, rival de Tche-tche, realizou a ambição suprema de todos os chefes normandos do Leste: casou-se com uma princesa chinesa (talvez uma criada de quarto que lhe apresentaram como princesa; os chineses pregavam esse gênero de peça). Satisfeitos, os hunos do Norte, doravante clientes da China, não causaram mais problema.

No século I da nossa era, a situação era a seguinte: os hunos do Norte dependiam dos chineses e os hunos do Oeste, descendentes dos partidários de Tche-tche, mantinham-se sem alvoroço no Cazaquistão. Sem alvoroço por falta de cronistas interessados em seus feitos.

# Despertar

Três séculos se passaram nesse silêncio, e depois os hunos do Norte e os do Oeste, despertando quase juntos, entraram ao mesmo tempo no grande jogo. Os primeiros contra a China que os acreditava domados, os segundos contra a Europa que ignorava sua existência.

Em 311, o huno Lieu Tsong tomou a capital chinesa e toda a China do Norte até o rio Amarelo, enquanto os hunos do Oeste puseram-se a caminho em direção ao poente.

Em direção ao oeste? "Por que motivo?", pergunta-se René Grousset em *L'Empire des steppes*[1]*. "Nós ignoramos", ele responde. Exemplar modéstia desse grande sábio.

Conduzidos por um chefe chamado Balamir, esses hunos, muito cedo apelidados de hunos negros, atravessaram o Volga, o Don, o Dnieper, o Dniestr, alcançaram o Danúbio. No caminho, esmagaram os alanos do Terek, os alanos do Kuban e os ostrogodos do oeste do Dnieper que, no entanto, não eram mansos. Os visigodos, brutos impávidos, fugindo da frente deles sem pejo, atravessaram o Danúbio e penetraram em massa no império do Oriente – o Império Romano do Oriente, capital Constantinopla – e lá se impuseram com brilho.

Os hunos, mistério, os deixaram escapar. Seduzidos pela estepe húngara, onde seus descendentes hoje prosperam, pararam por lá, contidos talvez pela nostalgia. Eles não estavam expatriados, mas talvez temessem estar: a *Puszta*** prolongava a estepe russa, que prolongava as estepes da Ásia central e da Mongólia, mas era a última na direção do oeste e talvez eles o pressentissem.

Do outro lado do Danúbio, quando se vai em direção ao Atlântico, a geografia se complica em pequenos compartimentos tomados pela floresta. Colinas, montanhas, platôs,

---

* As notas bibliográficas estão reunidas no final do livro. (N.A.)

** *Puszta*, nome dado na Hungria à estepe pastoral não-cultivada do leste do país. (N.T.)

vales, estreitamente imbricados para desencorajar o cavalo e afligir o cavaleiro. A *Puszta* reproduzia as paisagens ancestrais, os hunos pararam por ali.

Além da ilusão de liberdade que seu aspecto plano permitia assegurar, a *Puszta* tinha uma outra vantagem: era povoada de gepides, povo germânico provavelmente decadente longe de sua floresta original, pois, ao contrário de Armínio, que destruiu as legiões de Augusto, submeteu-se muito depressa aos hunos e forneceu aos recém-chegados pessoal para o seu serviço.

Os hunos vão habitar ali algumas dezenas de anos, dentro de um espaço insignificante para nômades como eles, habituados a deambular pelas extensões ilimitadas da Ásia. Mesmo que a *Puszta* prolongasse a estepe russa, ela a prolongava muito limitadamente.

# Cobiças

Portanto, os hunos se entediam. Sobre a margem esquerda do Danúbio, servidos pelos gepides, os hunos ociosos, reduzidos a si mesmos, não conseguem se consolar dessa inatividade diante do espetáculo da outra margem. Esse espetáculo, ao longe, alimenta suas frustrações. Sonham com uma travessia em massa e correrias triunfais até o coração daquele império que começa sob seus olhos, exibindo a opulência embriagadora de um poderio decerto diminuído, mas ainda formidável. Do que se congratulam esses guerreiros na alma, uma vez que "vencer sem perigo...".*

Condenados por obscuras circunstâncias a andar em círculo dentro de um espaço irrisório, os hunos mordem a brida e os melhores dentre eles, os mais dignos de seu nome, vão se postar, uns depois dos outros, à beira do rio fronteiro, ressentidos e melancólicos.

A cavalo, eles observam o império, suas cidades, seu comércio; calculam as riquezas que seus tráficos engendram. Avaliam suas guarnições, seus revezamentos, suas forças e fraquezas. Nenhum obstáculo impede a vista na direção oeste dessa fronteira. Capazes de detectar os movimentos de um rato no horizonte das estepes da Ásia, os hunos têm os olhos mais perscrutadores do mundo.

Eles também atravessam o rio, sozinhos ou em pequenos grupos pacíficos, para visitar, discutir, se informar. Polidos, amáveis até, curiosos sobre tudo. Apesar de todas essas cortesias, os romanos do *limes*** não conseguem se habituar com suas grandes cabeças, com as cicatrizes no rosto, com as pernas arqueadas, com a imperturbabilidade escrutadora, com seu fedor – sobre o qual alguns autores sustentam que era proposital para inspirar repugnância (dela ao pavor, não havia mais do que um passo).

---

* "Vencer sem perigo é triunfar sem glória" (Corneille, *Le Cid*). (N.T.)

** *Limes*: zona fronteiriça de uma província do Império Romano. (N.T.)

Nada escapa a esses espreitadores. Registram tudo com ardor, dado que tudo é novo para eles. Seus irmãos do Leste conhecem a China, suas cidades, sua civilização majestosa, ao passo que eles nunca viram nada parecido. As cobiças se acumulam e se acirram.

# Impressões

Os hunos estacionaram sobre a margem esquerda do Danúbio, mas sua reputação precedeu-os por toda a Europa até o Atlântico.

> Os hunos ultrapassam em ferocidade e em barbárie tudo o que se pode imaginar. Rasgam cicatrizes nos rostos das crianças para impedir a barba de crescer. Seus corpos atarracados, com membros superiores enormes e uma cabeça desmesuradamente grande, lhes dá um aspecto monstruoso. Vivem aliás como animais. Não assam nem temperam os alimentos, vivem de raízes selvagens e de carne decomposta sob suas selas. Ignoram o uso da charrua, as habitações sedentárias, as casas ou cabanas. Eternamente nômades, são moldados desde a infância no frio, na fome, na sede. Suas tropas os seguem em suas migrações, arrastando carroças onde as famílias estão encerradas. É lá que as mulheres fiam e costuram as roupas, dão à luz e criam os filhos até a puberdade. Perguntem a esses homens de onde eles vêm, onde nasceram, eles ignoram. Suas vestimentas consistem em uma túnica de linho e um casacão de peles de rato emendadas umas nas outras. A túnica, de cor escura, apodrece sobre seus corpos. Não a trocam porque elas não se desprendem deles. Um capacete e um boné caído para trás e peles de bode enroladas em volta das pernas peludas completam o equipamento. Os calçados cortados sem forma nem medida não lhes permitem caminhar; são também completamente impróprios para combater como infante, ao passo que, uma vez sobre a sela, se pode dizer que estão pregados sobre seus pequenos cavalos, feios mas infatigáveis e rápidos como o raio. É a cavalo que eles passam a vida, tanto montados como sentados de lado à maneira das mulheres. É assim que fazem suas assembléias, que compram e vendem, bebem e comem, até mesmo dormem, inclinados sobre o pescoço de suas montarias. Nas batalhas, eles caem sobre os inimigos soltando

> gritos assustadores. Caso encontrem resistência, dispersam-se, mas para voltar com a mesma rapidez, atacando e derrubando tudo o que se encontra em sua passagem. Contudo, não sabem nem escalar uma praça forte nem assaltar um campo entrincheirado, mas nada iguala a destreza com que lançam, a distâncias prodigiosas, suas flechas armadas com um osso pontudo, tão duro e mortífero quanto o ferro.[2]

Essa página foi durante muito tempo famosa. Foi tartamudeada por decênios nos colégios da Europa, na época das "humanidades" e da preeminência das letras clássicas. Ela é de Amiano Marcelino, oficial romano de origem síria nos exércitos do imperador Juliano, o Apóstata, morto em Roma por volta de 400. Êmulo de Tácito traçou em suas *Histórias* o primeiro retrato dos hunos. Primeiro e último a fixar seus traços para sempre, tanto mais que adquirira uma reputação de veracidade exemplar. O detalhe da carne "decomposta sob a sela" nutriu durante séculos a lenda dos hunos, alimentando-a até hoje.

Depois de Amiano Marcelino, o gaulês Sidônio Apolinário, Prosper da Aquitânia e o grego Priscos, todos os três contemporâneos de Átila, os dois últimos tendo pessoalmente convivido com ele, acrescentaram apenas variantes a essa descrição.

O godo Jordanes, que não se sabe se foi monge na Trácia ou bispo em Ravena, posterior a ele em um século, também faz parte dos autores canônicos, a despeito dessa defasagem, embora sua obra de referência, *Origine et histoire des Goths*, não seja senão um resumo de um livro perdido de Cassiodore composto em 552.

São Sidônio Apolinário, que foi bispo de Clermont, tinha 23 anos na ocasião da morte de Átila em 453. Casara-se no ano anterior com a filha de Avitus, prefeito dos gauleses. Avitus havia trazido Teodorico, rei dos visigodos da Aquitânia, para a coalizão dos francos e dos romanos que ia reter o avanço dos hunos na Champagne, salvando a Gália e o que restava do império do Ocidente. O reforço dos visigodos tinha sido decisivo.

Em suas *Lettres*[3], em nove volumes, o futuro bispo atribui o aspecto dos hunos a uma deformação voluntária praticada durante a infância. O nariz dos hunos, segundo ele, é apenas uma "excrescência informe e chata". Eles têm maçãs do rosto salientes e olhos afundados nas órbitas cavernosas, mas "mesmo assim deles escapam olhares penetrantes que abarcam os mais longínquos espaços". Ele confirma por fim, em um estilo mais exaltado do que o do oficial sírio, suas qualidades de arqueiros: "Armado com um arco enorme e longas flechas, o huno", esclarece, "jamais erra seu alvo; desgraçado aquele que for visado, pois suas flechas levam à morte!" Conclui poeticamente – pois ele foi um dos raros santos poetas, diferentemente dos profetas, que eram quase todos poetas: "O huno é pequeno quando está a pé, mas como é grande a cavalo!".

Quando começa o século V, os hunos são os donos das estepes entre o Ural e o Danúbio.

# Timidezes?

Os cavaleiros de Balamir exibem uma estranha paciência diante do rio além do qual começa o Império Romano. Por que eles não vão mais longe? Timidez? Improvável. Cálculo? "Nós ignoramos", diria talvez René Grousset.

A timidez não é plausível, pois os visigodos, expulsos por eles, esmagaram, em Adrianopla, em 379, o exército de Valens, imperador do Oriente que morreu na batalha. (Adrianopla hoje se tornou Edirna, na Turquia da Europa.) Jamais o império – o império inteiro, Ocidente e Oriente unidos – conhecera desastre maior. Desde então, os visigodos se pavoneiam na Trácia e na Mésia, às portas de Constantinopla. Eles são ricos, eles têm escravos. Sua fuga diante de Balamir lhes trouxe o cêntuplo do que deixaram para trás.

O que os visigodos tinham feito, os hunos não podiam fazer? E fazer muito melhor ainda? O que estavam esperando? Reforços? Estamos reduzidos a hipóteses.

A hipótese mais sólida é a espera de uma época propícia, pois o império se reergueu depois do desastre. Teodósio, que substituiu Valens, é um homem de guerra que será dentro em breve o Grande. Será o último mortal a dirigir o império inteiro, o Oriente e o Ocidente juntos, Roma e Constantinopla.

Os bárbaros foram contidos em toda parte por esse cristão feroz que recebeu o batismo em 380, que persegue os pagãos, extermina os dissidentes e manda massacrar sete mil tessalonicenses dentro do circo da cidade para vingar o assassinato de um de seus generais. Quanto aos hunos, consciente do perigo, ele os joga uns contra os outros, admite algumas de suas hordas no *status* de aliados – contra os godos notadamente, em 382 –, mantendo os outros dentro das trevas exteriores, e a tática funciona: o perigo é conjurado. Não é dividir para reinar, mas para respirar. O expediente mostra suficientemente o quanto os hunos são temíveis. Mas por que eles se mantêm quietos?

A popularidade de Teodósio é imensa dentro do império. Em 394, decidiu deixá-lo depois que se fosse a seus dois filhos, Arcádio e Honório; o primeiro terá o Oriente com Constantinopla, o segundo o Ocidente com Roma e Ravena. Ele morreu em Milão quatro meses mais tarde, no dia 17 de janeiro de 395.

Átila nasceu nesse mesmo ano. Terá dois impérios para combater. "Muitos inimigos, muita honra."

# Átila

Filho de rei? Ele mesmo o afirmou, mas entre os seus a noção de reino era muito fluida. Melhor dizendo, filho de chefe. De qual chefe? Seu pai se chama Mundzuk.

Depois da morte de Balamir, no início do século V, a horda principal de hunos da Hungria passou a ser dirigida por quatro irmãos, os quatro filhos do "rei" Turdal: Oktar, Mundzuk, Ebarse e Roas. Eles reinavam juntos sem muitos conflitos, adotando em relação ao Império Romano uma política conciliadora.

Dos quatro, o mais velho, Oktar, era o que menos compreendia essa moderação. Era o mais "huno" do bando, passando a vida em expedições para todos os lados, atravessando freqüentemente o Danúbio, para grande consternação de seus irmãos. Cuidava contudo de não enfrentar os próprios romanos, assaltando preferencialmente os godos e os burgúndios, aliados instáveis da Cidade Eterna.

Mundzuk, mais razoável, era o administrador da equipe.

Ebarse cuidava das relações "interiores" – em outras palavras, das relações com os outros hunos.

Roas era o "chefe soberano", que tratava com as potências estrangeiras, cultivando a amizade do império, especialmente a de Honório, imperador do Ocidente, embora não estivesse sozinho: Roma ainda era muito cortejada.

Um outro huno, Uldin, chefe de uma outra horda, pretendia ser o melhor amigo de Roma antes de todos os seus congêneres. Propunha sem cessar seus serviços ao império, que não o desencorajava – ele dispunha da melhor cavalaria entre o Ural e o Danúbio –, mas o fazia esperar, preferindo vê-lo do lado de fora a vê-lo do lado de dentro.

# Situação

Átila permanece um mistério. Sabe-se que ele foi o chefe dos hunos, bárbaros da Ásia surgidos a cavalo nos confins da Europa por volta do fim do século III.

Sabe-se que ele fundou um império, do Ural ao Danúbio; que ele botou de joelhos em poucos anos os dois poderosos herdeiros da Roma de Augusto, a própria Roma e Constantinopla; que ele morreu subitamente aos 58 anos, na véspera do lançamento de uma campanha final contra o Ocidente; que seu império se desagregou na mesma hora e o que os hunos deixaram a História em benefício do mito.

Os feitos de Átila são públicos, mas o próprio homem é um enigma: sabe-se o que ele fez, sabe-se mal o que ele foi, além de sua aparência física que foi descrita com precisão por testemunhas sérias. Tinha uma cabeça enorme, o rosto triangular, era glabro, com exceção de um cavanhaque pontudo; olhos penetrantes; era mais largo do que alto...

As mesmas testemunhas afirmam também que esses traços inquietantes não pertenciam a um bruto: ele falava grego e latim e, quanto à ferocidade, a maior parte dos imperadores romanos de seu tempo o ultrapassou de longe, sem igualar sua bravura nem seu gênio.

Ele teria sido mais diplomata do que guerreiro, na vida privada o melhor amigo do mundo, delicado com as mulheres – no despontar do século V –, pai atento e até mesmo terno...

Sabe-se, finalmente, que, numa época em que fervilhavam as divindades, em que apenas os judeus e os cristãos acreditavam em um só Deus, ele permaneceu fiel ao panteísmo animalista das estepes, administrado pelos xamãs, para quem os hunos vinham de um lobo. Gengis Khan, mil anos mais tarde, reivindicará a mesma origem e os mongóis de hoje ainda a assumem.

Em outras palavras, nem Deus nem mestre, mas muito tolerante: mesmo que Átila tenha matado muita gente, não perseguiu ninguém. Não se conhece outro exemplo de imperador anarquista. Anarquista e respeitoso de todas as crenças, o que não é um paradoxo: "O anarquista ama de tal maneira a ordem que não suporta a menor de suas caricaturas".

Grande político? É dizer pouco. Os homens não lhe resistiam, era um sedutor invencível. O espaço e o tempo foram menos complacentes; o espaço pérfido, o segundo implacável.

O espaço? Vertigem.

A cavalo! Avante! Das estepes da Ásia central o horizonte recua sempre, para o leste ou para o oeste. De um lado a China e o Pacífico, do outro a Europa e o Atlântico, que fazem apenas um, vistos um pouco mais do alto.

A China já era antiga quando Átila apareceu. Concentrada sobre si mesma, ela desdenhava – cortesmente – o resto do mundo.

Nas mãos tornadas débeis de um império doente, a Europa oferecia aos aventureiros perspectivas fascinantes, resultantes de uma conjunção única de fraqueza e riqueza.

"Quem muito abarca pouco abraça", a Roma de Augusto abarcara demais. O gênio latino da conquista e da organização esgotara-se. Da Escócia à Pérsia, passando pelo Egito e pela África do Norte, a absorção de uma abundância heteróclita de povos tinha ultrapassado as capacidades – ainda que prodigiosas – de assimilação e de proteção.

À época do nascimento de Átila, o império "fazia água" por todas as partes há mais de cem anos. Ondas de bárbaros sempre renovadas abordavam suas fronteiras. Assim como a água procura a inclinação mais forte, eles procuravam os pontos menos defendidos da linha que corria do mar do Norte ao Mar Negro, ao longo do Reno e do Danúbio. Tanto se infiltravam sem barulho quanto passavam à força.

"Não há riqueza que se compare a homens", escreverá Jean Bodin doze séculos mais tarde, sob o reinado de Francisco I. Faltavam homens em Roma. As fronteiras eram porosas. As guarnições instaladas ao longo dos rios eram ao mesmo tempo fracas demais e espaçadas demais para constituir a barragem desejada. Bem depressa havia sido necessário jogar uns contra os outros os que não cessavam de se convidar para o império. Litania interminável: alanos, alamanos, anglos, abares, burgúndios, francos, germanos, hérulos, jutos, lombardos, ostrogodos, saxões, suevos, vândalos e visigodos... Do coração da Ásia até o Atlântico, essa horda de povos foi empurrada pouco a pouco pelo avanço de guerreiros intratáveis que decidiram, não se sabe por que razão, que seu futuro estava no Oeste.

Contudo, mesmo que o império estivesse dividido e a Europa madura para a invasão, o império – os dois impérios – era sempre temível: as legiões, há muito tempo cosmopolitas por falta de voluntários romanos, permaneciam invencíveis, bastando que um capitão surgisse, que as reunisse, que lhes falasse do dever e da lembrança de sua antiga virtude, fundamento de um império cuja amplidão, coesão e duração continuavam a fazer sonhar.

# Nascimento

O mais célebre dos hunos nasceu em 395 em um palácio de madeira, em alguma parte da grande planície que bordeja no coração da Europa a margem esquerda do Danúbio na Hungria de hoje, ao norte da cidade de Linz, que deu seu nome a uma sinfonia de Mozart. Filho de príncipe ou mesmo de rei – pequeno príncipe, ou mesmo pequeno rei. Morreu na mesma região, sessenta anos depois, encerrando assim um enorme circuito que o levou da China à Bacia parisiense, passando pelos subúrbios de Constantinopla e pelas defesas avançadas de Roma, à cabeça de um número incalculável de cavaleiros – incalculável por ser desconhecido: foram dez mil, foram cem mil, foram um milhão? Os historiadores demográficos não terminaram de discutir. Pouco importa o número, é o resultado que conta. "O mundo é feito para alguns", sustentava já César cinco séculos antes do nosso homem.

"Sabe-se que ele tinha um crânio enorme e a parte inferior do rosto aguda, as maçãs muito salientes, o nariz forte e longo, mas com a ponta absolutamente achatada, o cabelo provavelmente castanho, mas voluntariamente [esse voluntariamente é precioso] pintado de ruivo..."[4], sintetiza Maurice Bouvier-Ajam, um de seus últimos biógrafos. Pequeno. Um metro e sessenta no máximo... A barba rara sobre as bochechas, mas o queixo prolongado por um cavanhaque cerrado e pontudo. Os olhos pretos, afundados e penetrantes. Não era bonito, em suma, porém, segundo Barbey d'Aurevilly: "Um homem é sempre suficientemente bonito enquanto não fizer medo a seu cavalo". (Os cavalos dos hunos não tinham medo de nada.) O rosto na verdade teria sido magro, mas não destituído de harmonia e sobretudo irradiante de inteligência...

"Irá longe se as circunstâncias o favorecerem." O julgamento impecável de um professor de Bonaparte na escola militar de Brienne sobre o Corso, então muito magrinho

– apelidado de *La paille au nez** por seus condiscípulos do continente, de melhor nobreza do que ele e por isso mais a par dos refinamentos do Antigo Regime, por causa da maneira ridícula como ele pronunciava seu nome –, aplica-se também exatamente ao jovem Átila.

Nada se sabe sobre seus primeiros anos fora do que ele aprendeu, por dedução. Conjectura-se que sua infância tenha sido muito diferente da de seu pai, certamente nascido dentro de uma carroça durante um deslocamento de sua horda. O pai nasceu em uma carroça, o filho em um palácio... Ainda que de madeira e desmontável, o salto continua sendo notável.

Como todos os hunos, aprendeu a montar a cavalo até fazer apenas um com sua montaria, tiro ao alvo, o manejo do laço e do punhal, a caça, a pesca talvez. Mas além disso aprendeu a ler, a escrever e a contar, aprendeu latim e grego e leu certamente todos os livros que chegaram a até ele, sob a forma de rolos. Sabe-se que ele era curioso, muito ávido de saber.

Mundzuk, seu pai, morrerá em 401. Ele estava com seis anos. Seu tio Roas passou a cuidar dele. Sobre sua mãe, nem uma palavra. Sequer se sabe o nome dela ou até quando ela viveu.

Sabe-se que Roas tinha muito interesse nas boas relações com Roma. Ele propôs ao braço direito do imperador Honório, o general Estilico (que embora tenha sido vândalo de nascimento não deixou de ser apelidado de "O último romano"), acolher na sua corte um observador. Este último teria elementos para julgar o que ele representava, sua vontade de colaboração e sua utilidade. A atitude não era rara na época e traduzia ainda o quanto os hunos de além-Danúbio estavam calmos naquele momento, ou fingindo estar, a ponto de, dentro do império, certos observadores os acreditarem fixados.

Estilico aceitou o convite. Designou um rapaz de seus quinze anos, chamado Aécio.

---

* Jogo de palavras com o sotaque de Napoleão: "A palha no nariz", pois ele pronunciava o próprio nome "Napollioné". (N.T.)

# Aécio

Aécio nasceu por volta de 390, quase certamente em Panônia Primeira – na atual Hungria –, que fazia parte do império do Ocidente. Essa Panônia era tão próxima da *Puszta* onde, quinze anos antes, os cavaleiros de Balamir tinham parado, que chegava a lhe cobrir um pedaço. Dissemos "quase certamente na Panônia... " porque há quem o veja nascendo em Mésia no império do Oriente; outros em Roma, numa *villa* de sua mãe. A história dos séculos obscuros é com freqüência conjecturável.

De todo modo, foi na Panônia que ele passou a juventude; na Panônia onde seu pai, nascido em Scarbantia (que se situava ao sul de Viena), comandava as milícias imperiais da província, antes de ser feito conde da África, depois general na Gália, onde morreu em uma insurreição por volta de 403. Flávio Aécio conhecia portanto os hunos desde sempre. Falava a língua deles. Não é inútil por fim lembrar que sua mãe era romana de Roma, nobre e riquíssima. O embaixador permanente de Estilico junto a Roas não foi o primeiro jovem a chegar.

Seu nascimento e sua fortuna de forma alguma o impediram de trazer as maiores esperanças. Ele já exercera a função de refém de honra junto ao rei visigodo Athanaric e já demonstrara uma vocação diplomática que fazia questão de aperfeiçoar.

Essa ave rara chegou em 405 à corte de Roas. Átila tinha dez anos. "A criança agrada ao jovem e o jovem à criança." Uma amizade histórica começava. O destino de Roma, o da Europa e o de todos os hunos do Danúbio ao Ural permaneceriam em suspenso.

Aécio e Átila são dois sedutores que jamais renunciarão a se seduzir, parecendo sempre dar um jeito de evitar o irreparável cada vez que suas ambições se opuserem, até mesmo quando tais acomodações envolverem questões da maior importância.

Aécio talvez já conhecesse Roas quando Estilico o enviou para junto dele. Seja como for, o romano adolescente se entendeu maravilhosamente com o rei huno, chegando a se tornar um de seus conselheiros mais escutados. Suas iniciativas o elevarão muito acima de seu *status* de refém. Assim, em 408, embora representando Roma, leva Roas, um tanto decepcionado com sua aliança com Honório, a buscar a de Constantinopla, sem com isso romper com Roma: para duplo império, dupla aliança.

Arcádio, irmão de Honório, acaba de morrer. A margem norte do Danúbio inquieta bastante seu filho Teodósio, que o sucedeu. O que está sendo tramado lá? Ele teme grandes catástrofes e procura aliados para se precaver. Aécio aconselha Roas a se aproximar dele.

Roas segue o conselho. Teodósio só estava esperando por isso. Imediatamente, nomeia o huno general romano com o soldo anual de 350 libras de ouro e manda preparar um tratado: a fronteira continua sendo o Danúbio, os hunos se comprometem a só atravessá-la a seu pedido. Roas assina com duas mãos.

Aécio teria reconhecido em Átila com dez anos o gênio que aguardaria trinta para se manifestar? Pois Átila nada teve de precoce. Nem Alexandre, nem Bonaparte, só perto dos quarenta anos é que ele se revelou, idade em que a maior parte dos homens de seu tempo se julgavam, senão acabados, já velhos demais para grandes empreendimentos.

O efeito de uma sedução é mais plausível: o sedutor Aécio discerniu certamente na criança selvagem que aos dez anos não sabia nada – não podendo mesmo saber, por falta de professores –, a não ser montar a cavalo, atirar com o arco e balbuciar algumas palavras de latim, não apenas um poder de sedução comparável ao seu, como também promessas.

Promessas que só ele, Aécio, romano formado diante de um bárbaro criança, podia garantir que ao menos algumas seriam mantidas. O menino Átila queria saber tudo. Aécio lhe ensinou o que sabia e, além disso, escolheu para ele um preceptor que terminou de lhe ensinar latim, que era o inglês da época, e grego, que era, digamos, como o francês. Até então, nenhum huno dominara as línguas da elite. Átila se apresentou como um fenômeno a seus interlocutores do velho império, para quem as pessoas do exterior, por mais temíveis que fossem, eram antes de mais nada uns brutos.

A cumplicidade entre o futuro imperador dos hunos e o romano que sonhará um dia com o império, senão para ele, ao menos para seu filho, com conseqüências trágicas, terá três anos para se consolidar e se aprofundar. Porém, enquanto os dois meninos percorrem juntos a estepe húngara, que eles estão de acordo em considerar minúscula e merecedora de ser ultrapassada, confiando talvez um ao outro esperanças que não poderiam revelar a nenhuma outra pessoa, o mundo se mexe além do horizonte bastante estreito.

# Perturbações

O mundo se mexe. O visigodo Radogast se lança sobre a Itália com bandos tão numerosos que Estilico faz um apelo a Uldin – o rei huno da cavalaria, rival de Roas, que aguardava há muito tempo essa requisição. Os visigodos são esmagados perto de Florença por seus esquadrões; Radogast, capturado, é decapitado.

Em 406, os alanos do Don e do Volga, não querendo mais servir aos hunos, que os exploram sem medida, avançam em massa na direção dos Alpes e do contorno do lago Leman, onde encontram seus congêneres, fugidos dos hunos já no século precedente. Alguns desses alanos, que se entediam na Suíça, partem de novo, penetram na Gália ao mesmo tempo que alguns contingentes vândalos. Estes últimos se instalarão no Calvados, onde serão surpreendidos pelos vikings; os alanos escolherão o vale do Ródano.

Os burgúndios, atormentados pelo huno Oktar, tio de Átila, no vale do Meno, assediam Honório com súplicas para atravessar a Helvécia. Honório, imperial, concede-lhes a permissão. Oktar se aproveita para cair sobre os retardatários na beira do Meno. Ele é vencido – mesmo os hunos não são invencíveis. Fica tão desapontado que não se contém mais: um pequeno sucesso no dia seguinte de sua derrota (trinta visigodos exterminados nos salgueirais transparentes de um rio secundário contra a perda de três dos seus) o faz na mesma noite beber tanto, para festejar o fato, que cai morto com o nariz dentro de sua taça feita de crânio de visigodo.

A lenda conta que o crânio riu às gargalhadas, projetando seus últimos dentes como se fossem metralhas sobre os lugares-tenentes de Oktar, que não eram muito diferentes dele e que não se consolaram.

Foi nesse momento, em 408, que Aécio retornou a Roma. Voltou para lá pela melhor das causas, do ponto de vista da humanidade: casar-se, fazer filhos, perpetuar afinal uma espécie que seu aluno ameaçará no Ocidente como ninguém antes dele.

Átila, que tinha treze anos, ressentiu-se duramente da partida daquele que se instituíra três anos antes como seu irmão mais velho.

Aécio deixou Átila, mas eles prometeram um ao outro se escrever e se rever; a solidão convinha ao segundo quase tanto quanto a companhia do primeiro. Ele mergulhou nas meditações que iriam levá-lo um dia às portas de Roma, de Constantinopla e de Paris, com forças tão imponentes que essas três capitais da Europa – as duas primeiras declinantes e a terceira ainda virtual – teriam lhe aberto as portas, decerto tapando o nariz, se ele houvesse simplesmente cogitado. Mas ele poupou todas as três e ainda hoje não se compreende por quê. Tanto mais que, nos três casos, ele, que não acreditava em nada, cedeu aos ministros de uma religião que seria sua pior inimiga, reunindo contra ele todos os seus adversários.

Um papa, uma pastora canonizada, um imperador carola, todos os três tão diferentes quanto humanos podem sê-lo, mas todos os três servidores de uma religião então hegemônica no espaço considerado. Isso basta para justificar o apelido de Flagelo de Deus que Átila, por mais pagão que tenha sido, orgulhou-se de merecer, entendendo-o no sentido mais cristão do termo: é por intermédio dele que o castigo divino deverá chegar. Mil anos mais tarde, em Florença, Savonarola concederá ao rei da França Carlos VIII o título de Gládio de Deus como uma dignidade divina.

# Números

Chegada no começo do século V, que ficará marcado pela epopéia dos hunos, uma vertigem tomará todos os que examinarem a questão das grandes invasões, desencadeadas pelos hunos e concluídas com eles. Um desfile fervilhante de povos díspares parece ter atravessado sem trégua nem repouso durante cerca de três séculos a Europa de leste a oeste, alertando inicialmente, depois inquietando, finalmente assombrando o Império Romano até sua dissolução na massa dos imigrantes do Oriente.

Surge então a questão do número de invasores. Quantos alanos, quantos hérulos, quantos godos e vândalos? Os cronistas deixam a impressão de que massas inumeráveis submergiram a Europa, e que outras foram se apresentando sem parar, numa sucessão acelerada. Como se algum deus hostil ao império semeasse nos desertos da Ásia milhões de dentes de dragão para adquirir a forma de guerreiros encarniçados na destruição de Roma.

Para se limitar aos hunos, primeiros responsáveis por esse sismo interminável, as estimativas demográficas mais generosas geram perplexidade. Pergunta-se como um número tão pequeno pode ter abalado um número tão grande, grande na medida em que se acredite nos cronistas da época. Como o pânico deve ter desempenhado seu papel, o fato é pouco contestável, mas não explica tudo.

Estima-se em trinta milhões de habitantes a população da Europa nessa época, mas ainda não há acordo sobre o número de hunos. As hipóteses variam de cinco milhões a 250 mil, entre o Ural e o Danúbio, mas a primeira seria ridiculamente alta e a segunda ridiculamente baixa. A estimativa mais razoável seria de um milhão e meio, o que daria um máximo de quinhentos mil arqueiros a cavalo, se todos os homens fossem guerreiros.

Cifra enorme. A Grande Armada, que entrou na Rússia em 1812, era desse porte, mas as populações da Europa eram então quatro vezes mais numerosas do que no século V. Ademais, os arqueiros nunca se reuniram. Os hunos estavam espalhados sobre um território imenso: era preciso vigiá-lo devidamente para não perdê-lo. Por mais frágil que fosse a malha militar dessas extensões, por mais móveis que fossem os cavaleiros destinados à sua guarda, essa guarda absorvia uma grande parte dos efetivos disponíveis. Quantos sobravam para atravessar o Danúbio?

Uma das cifras menos suspeitas de que dispõe hoje o contador é a do reforço fornecido por Roas a Aécio em favor de João, o Usurpador, na ocasião da morte de Honório em 423. A cifra de cinqüenta mil hunos não é muito contestada. Ela representa um exército importante e permite pensar que a fronteira do Danúbio, ponto extremo do avanço dos hunos nesse começo do século V, era o local de uma concentração excepcional de suas forças, concentração que demonstrava a vontade que eles tinham de ir mais longe. O império, por mais baixo que tivesse caído, ainda era bem mais resistente do que os alanos, godos, vândalos e outros, varridos desde a Ásia central por milhares de quilômetros.

# Refém

Depois que Aécio se foi, Átila continuou a crescer em força e em sabedoria. Muito brevemente se tornou o melhor lugar-tenente de seu tio Roas, o delegado para as missões de confiança, muito acima de seu irmão Bleda, que embora fosse mais velho, bem cedo se revelou um gozador inofensivo. Suas medíocres faculdades eram inteiramente absorvidas pela caça, pelas mulheres e pela bebida, não cogitando nem por um instante – dado seu temperamento feliz e de uma espécie rara – de fazer sombra à energia, à inteligência e à ambição do caçula.

Não se sabe se a idéia surgiu dele mesmo, se ela foi de Roas ou mesmo de Aécio, mas Átila, em 408, foi enviado a Roma para cumprir a mesma função que Aécio desempenhara na corte de Roas: "refém de honra" ou traço de união entre duas potências que se declaram amigas.

Não se sabe de onde veio a idéia, mas decerto foi Roas que propôs seu sobrinho. Era preciso que ele tivesse confiança naquele menino de treze anos para enviá-lo à corte apodrecida do imperador do Ocidente. Era preciso também que julgasse importante a amizade de Roma para tentar essa enésima providência junto de um homem que o havia desdenhado muitas vezes. Era preciso finalmente que um outro desdém, o de Teodósio, o tivesse espicaçado, pois Teodósio, apesar do título de general e das 350 libras de ouro que lhe cabiam, não somente persistia em lhe recusar a exclusividade de sua amizade, como também em dar preferência, dentre todos os hunos, a Uldin e sua cavalaria.

Teodósio pagava Roas e nunca lhe pedia nada; pagava também Uldin e lhe pedia muito. Domar por exemplo o godo Gainas que, também ele seu assalariado, ameaçava-o se proclamando imperador entre o Danúbio e o Reno... (Uldin tinha partido como um bólido, posto os godos em debandada e capturado Gainas para ele mesmo decapitá-lo e enviar sua cabeça para Constantinopla.)

Desesperado por vencer um concorrente de porte, e talvez também imaginando que se o império tinha duas cabeças decerto tinha um só corpo, veio a Roas o pensamento de que se aproximar de Roma era ainda se aproximar de Constantinopla. Então, "esperança suprema e supremo pensamento"*, Roas propõe o sobrinho, aquele Átila tão jovem ainda, mas curioso sobre tudo e por todos considerado sedutor apesar de sua enorme cabeça, suas pernas tortas e seus olhos brilhantes no fundo de órbitas cavernosas.

Honório consulta Aécio. Aécio aconselha-o a aceitar. Honório responde com termos lisonjeiros, cuja substância é: um rumor elogiativo precedeu o rapaz chegando até o imperador; portanto, que ele venha logo, está sendo aguardado. Átila chega a Roma. Está com treze anos, Aécio dezenove. A separação não foi longa. A amizade não sofreu. A intervenção de Aécio chegou até a reforçá-la.

Dizem que ele chegou a Roma, talvez tenha sido a Ravena. Os imperadores ocidentais desse tempo dividiam-se entre as duas. Ravena era menos imponente do que a cidade fabulosa onde nascera o império presentemente dividido, onde as lembranças eram tão pesadas que, para sustentá-las, era preciso ter sob a púrpura no mínimo o estofo de um Diocleciano ou mesmo de um Trajano. Ademais, Ravena era protegida por grandes pântanos inacessíveis aos bárbaros tanto quanto aos demais homens. A defesa era fácil, e os imperadores daquele tempo não pensavam senão em se defender.

Roma, mais célebre, estava mais exposta. Do Ural ao Reno – e talvez seja subestimar os capitães asiáticos que erravam do Ural ao Kamtchatka –, não havia chefe de bando digno desse nome que não sonhasse em levar sua trupe até o Capitólio, sem se preocupar com a rocha Tarpéia**. Mesmo analfabetos como todos eram, conheciam o essencial do Oci-

---

* *Les châtiments*, poema de Victor Hugo inspirado na batalha de Waterloo. (N.T.)

** Extremidade sudoeste do Capitólio, de onde eram atirados certos condenados à morte. (N.T.)

dente; como o Ocidente do Extremo-Oriente. As cobiças do Leste e do Oeste cruzavam-se. O Leste, com Átila, avançará em primeiro lugar para satisfazê-las. Mil e quinhentos anos mais tarde, o saque do Palácio de Verão*, por um exército europeu, será o retorno do pêndulo.

Até mesmo alguns generais chineses, daqueles chineses supostamente sedentários, teriam deixado, em manuscritos obscuros – a maior parte desapareceu, liquidada pelos guardas vermelhos da *soi-disant* revolução cultural –, dilacerantes expressões de lancinantes aspirações de cavalgar até o Tibre para ir dormir como vencedores na *Domus aurea* de Nero.

Átila, muito jovem ainda, mas não menos valoroso, vai doravante se dividir entre Ravena e Roma. Ele também não deixou impressões escritas, porém seus atos um dia terão mais eloqüência do que todos os manuscritos do mundo.

Ele irá de Ravena a Roma e de Roma a Ravena, muito bem recebido de um lado e de outro até o final de sua estadia, em uma palavra, tratado como príncipe na mais decadente das cortes e, portanto, na mais refinada do mundo. Caldo de complôs e de traições, temperada com assassinatos, cujo principal foi o de Estilico, o mentor de Honório escolhido por seu pai.

Estilico havia por três vezes salvado a Itália dos visigodos: em 402 em Polenza, em 403 em Verona, a terceira vez em 408, comprando a partida de Alarico, que tomara e pilhara Roma e ameaçava permanecer lá. Ele a havia salvado uma quarta vez em 406, dos godos dessa vez, mas esse trabalho o impediria de lutar contra os vândalos que ao mesmo tempo se lançavam sobre a Gália – não se pode estar em todos os lugares. Contudo, era do que Honório o havia surdamente criticado: Estilico não havia feito nada, embora ainda houvesse o que fazer.

Na verdade, o pálido imperador não suportara mais nem a autoridade nem a glória daquele que Teodósio, o Grande,

* O saque ao Palácio de Verão chinês, em 1860, quando as forças anglo-francesas ocuparam Pequim. (N.T.)

havia expressamente colocado junto dele para vigiá-lo e para vigiar o império ao mesmo tempo. (Trancado, tremendo, em Ravena, com seus cortesãos transtornados, Honório ficara olhando os bárbaros passarem a caminho de Roma, rezando para que eles não parassem.)

Tal era o clima quando Átila chegou à sua corte como hóspede privilegiado, de olhos bem abertos e alerta como a pólvora.

Ele nada tinha a temer. Suas origens o protegiam ainda melhor do que sua juventude. Os hunos eram indispensáveis à sobrevivência do império. Eles eram *de facto* os primeiros aliados, e toda a política de Honório e de Teodósio limitava-se a tentar dividi-los, escolhendo uns em vez dos outros quando visigodos ou vândalos se tornavam excessivamente ameaçadores, para provocar ciúme naqueles aos quais eles não jogavam o lenço da graça feita aos que eles pediam para salvá-los.

Não se acredita que Átila tenha sido feliz em Ravena. Por quê? As opiniões divergem a esse respeito: para uns, ele respirava mal na corte, impregnada de corrupção e covardia; para outros, ele nadava como um peixe na água, sem contudo encontrar a felicidade. Uma e outra opinião são apenas frases, e o desgosto não impede ninguém de nadar. Seja como for, foi ali que ele se formou.

As relações com Aécio foram retomadas ainda com mais força, ao mesmo tempo em que a posição deste último não cessava de se reforçar, em especial por um casamento brilhante com a filha do patrício Carpílio, uma das maiores fortunas de Roma e das melhores aparentadas.

O aprendizado durou quatro anos, durante os quais, literalmente, ele aprendeu sobre o império, seus métodos e seus reflexos, num período em que a sobrevida da instituição estava permanentemente em jogo. À mercê de uma revolta dessa ou daquela legião na Espanha, na Síria ou na Germânia, da súbita irrupção de um povo desconhecido surgido da inesgotável Ásia, de uma emboscada em Ravena ou em Roma que redistribuiria as cartas de um dia para o outro.

Os acontecimentos posteriores provarão que ele pesou com uma rara precisão as forças e sobretudo as fraquezas de uma organização ainda imponente, fraquezas que ela devia antes de mais nada a si mesma.

# Aprendizados

Sua liberdade de movimento era completa. Foi diversas vezes até o outro lado do Danúbio relatar a Roas sua observações e levar mensagens de amizade e presentes de Honório a Roas e de Roas a Honório.

Três ou quatro anos se passaram, Átila está com dezesseis ou dezessete anos. Em 411 ou 412, alarmantes notícias chegam do Cáucaso. Os hunos estão em luta contra um amontoado de adversários – alanos, colchides, metides, roxolanos, etc. – que tanto lhes criam problemas quanto lutam entre si.

É preciso fazer alguma coisa. Ebarse, o caçula de Roas, encarregado no seio da irmandade dos "negócios interiores", parte em campanha com seus esquadrões para restabelecer a ordem entre o Volga e o Ural. O empreendimento será de fôlego, ninguém tem ilusões.

Dos quatro filhos de Turda, Oktar está morto, Mundzuk está morto, Ebarse vai ficar longe por muito tempo. Roas se vê sozinho como "chefe soberano" entre os hunos do Danúbio. A tarefa é pesada, ele convoca seus fiéis competentes. Um dos primeiros que quer ter por perto é o sobrinho Átila. Manda chamá-lo na Itália.

A primeira missão que ele lhe confia não é nada corriqueira para um rapaz de dezessete anos, ainda mais recém-casado, que acaba de desposar a filha de um chefe secundário, uma certa Enga da qual nada se sabe. Durante muito tempo nada se saberá das mulheres bárbaras e pouca coisa das outras, fora as grandes estrelas – Agripina, Messalina, Cleópatra e outras Fredegondes. Enga lhe dará um filho chamado Ellak, que foi o preferido de sua muito numerosa prole, oficial e oficiosa, que ele tratou toda muito bem.

É uma missão de avaliação diplomática na Europa central. Roas pressente que seus vizinhos estão sendo aliciados secretamente por Constantinopla e gostaria de ter certeza disso. Apesar da aliança declarada e do pagamento regular do soldo estabelecido, Teodósio persiste em ignorá-lo. Quando este ou aquele bando de ostrogodos ou de visigodos infiltra-se no império, nunca é a Roas que se pede para destruí-los. Então, Roas se irrita por estar sendo pago para nada. O aliado provavelmente mais sincero, ao menos naquele momento, estaria sendo mantido afastado e se pergunta por quê.

Teodósio talvez o considere mais perigoso do que os outros, aquele que seria mais arriscado deixar entrar no império. A opinião seria bastante lisonjeira, bastante clara também: já que Teodósio desconfia dele, que trate de tomar as devidas precauções.

Átila parte e retorna. Ele confirma os pressentimentos do tio: Teodósio está jogando um jogo duplo; duplo ou triplo ou quádruplo. Aliado oficial dos hunos do Danúbio, adula ao mesmo tempo as populações germânicas que estão em volta ou que os cercam ao norte e a leste. Também paga a elas. Átila não viu o ouro, mas lhe falaram dele – esse jovem de dezessete anos sabe suscitar as confidências tão seguramente quanto o Ulisses de Homero. Contaram-lhe ainda que os enviados de Constantinopla freqüentemente os alertam contra eles.

"Eles?

Vocês! Vocês, os hunos. Quem mais queriam que fosse?"

Roas reforça as aduanas volantes. Pouco tempo depois, os carregadores de ouro são apanhados nos confins germânicos com seus carregamentos.

"Onde vocês estão indo com tudo isto?

A lugar nenhum, estamos passeando.

Muito bem, então venham passear na nossa casa."

Os miseráveis não tardam a soltar o verbo. "Sim, foi Teodósio quem nos mandou..." Os menos firmes defendendo-se: "Nós não podíamos recusar, senhor..."

As últimas dúvidas são dissipadas: Teodósio II permite-se soltar dinheiro à vontade aos germanos nas costas de seus melhores aliados...

Roas se contém. Não é forte o suficiente para atacar imediatamente Constantinopla, mas nem por isso fica menos injuriado. É plausível que tenha confiado a vingança ao sobrinho, que teria recebido a recomendação com ardor.

Átila é insubstituível. De sobrinho preferido – parece que Roas não teve filhos ou então que eles morreram com pouca idade, atingidos por algum coice, asfixiados por algum urso ou afogados em um dos rios revoltos do século V europeu – ele passou a ser filho adotivo, herdeiro natural, futuro guia dos arqueiros a cavalo chegados do meio do mundo para submeter uma Europa em farrapos ou então impor-se a ela.

Após a execução dos portadores de ouro, Roas decide informar Aécio dos conluios do imperador do Oriente.

Aécio é o único que poderia, talvez, infletir a política de Teodósio, e este, mesmo que nada inflita, não perde por esperar. Trata-se apenas de ganhar tempo.

Aécio informa Teodósio. Teodósio não reage e em nada altera suas malícias. Elas lhe custarão muito mais caro do que ele poderia imaginar.

Depois dessa investigação que o fez se impor junto a Roas e lhe assegurou no futuro o título de "chefe soberano", praticamente nada se sabe da vida de Átila até 421, ou seja, do seu 17º ano de vida ao 26º.

Nada se sabe de preciso; sabe-se, contudo, que ele se impôs cada vez mais como herdeiro do tio e que, trabalhando fielmente para ele, não podia ignorar que estava trabalhando para si mesmo.

Espantoso, sobretudo naquele tempo em que a vida era bem mais curta, ele não ter se apressado. Aguardou comportadamente o poder. Não foi desses matadores domésticos, ambiciosos de antecâmara, como os que pululavam no além-Danúbio, nas capitais dos dois impérios que disputavam entre si o apoio dos hunos, que apostavam no assassinato daqueles cujos lugares cobiçavam, avaliando, de acordo com a palavra de Richelieu, "seu mérito segundo sua audácia".

Durante muito tempo se acusou Átila de ter matado seu irmão Bleda, o bêbado, alérgico às fadigas do poder. Acusação reflexa: quem tem má fama é acusado até do que não fez – Átila será para sempre o arquétipo do sanguinário no imaginário ocidental –, e Bleda era o mais velho. Nos sistemas monárquicos, o assassinato do primogênito privilegiado sempre foi a obsessão dos mais novos ambiciosos – os reis da França sempre desconfiaram dos duques de Orleans.

Sabe-se hoje que os dois irmãos não se odiavam de forma alguma, que possivelmente se amavam e que Bleda morreu em decorrência de um acidente a cavalo.

Átila não matou o irmão e foi o mais leal dos sobrinhos, o melhor agente de Roas no fortalecimento de um poder que sabia que ia ser seu. Ele foi seu representante permanente junto da multidão de chefes "subalternos", de cuja fidelidade o chefe "soberano", Roas, precisava ter certeza, se é que "soberano" tinha algum sentido.

Diplomata itinerante investido de plenos poderes, estava sempre a caminho de um acampamento para o outro, visitando todo mundo, fortalecendo ligações, estabelecendo novas, construindo pacientemente uma espécie de federação que iria fazer de Roas um imperador precursor. Ele mesmo pronunciará a palavra para se atribuir o título quando chegar ao poder. Em 435, na véspera de seus 45 anos.

Multiplicou as idas e vindas entre o Danúbio e o Cáucaso. À distância, seu outro tio, Ebarse, conseguiu se instituir árbitro de todos os hunos do Don e do Volga, pacificando suas querelas e contendo seus inimigos. Átila faz a ligação entre os dois irmãos e lhes permite agir de concerto.

Os deslocamentos permanentes de Átila por todo o conjunto dos hunos e seus colóquios perpétuos com os chefes de clãs lhe darão em alguns anos um conhecimento único dessa confusão, e ele mesmo, pouco a pouco, entre todos os hunos, passará a ser o que freqüentou o maior número de chefes hunos e o que se tornou conhecido do maior número deles. Mas ser conhecido não é tudo, é preciso sê-lo de uma maneira favorável, e o jovem construiu para si a melhor reputação do mundo. Como se pode saber, perguntamos, se nada se conhece desses anos?

Sabe-se pelos acontecimentos posteriores: ele foi aceito por todos, como ninguém antes dele.

A aprovação que recebeu depois da morte de Roas não teria sido tão generalizada se ele já não tivesse congregado a quase totalidade da diáspora huna, e isso bem antes de se revelar um chefe de guerra.

# Nuances

Talvez não seja, neste ponto, muito tarde para nuançar a reputação dos hunos. Os testemunhos de que dispomos pertencem ao gênero apocalíptico: com a aparição dos hunos, começava uma nova era, sob o signo do terror. Os hunos são percebidos como uma horrível novidade.

Nos últimos duzentos anos, a Europa se acostumara com os bárbaros e não achava que ainda poderia ser surpreendida depois de ter visto tanto. Os hunos chegaram, e a palavra "bárbaro" foi subitamente ultrapassada. Uma barbárie de natureza diferente, da mais assustadora de todas que se sucederam no ataque contra o império desde sua renúncia a se estender além do Reno, do Danúbio, do Eufrates e do Saara, estava avançando.

Bárbaros de um outro tipo, cuja aparência mal é humana. Eles têm os cavalos mais rápidos, as flechas de maior alcance e mais mortais, e o desprezo pela morte – tanto a deles quanto a dos outros – é parte de seus corpos. Desprezo pela morte, desprezo pela vida.

Mas os cronistas dos tempos passados não eram diferentes dos jornalistas de hoje: como estes, eles preferiam o sensacional ao banal. É preciso chocar para ser lido. Além disso, por uma vez, a única talvez, a História é aqui contada pelos vencidos, pois os bárbaros, com os hunos à frente, foram os vencedores.

Então, é preciso nuançar: os hunos eram assustadores, mas não permanentemente. Há limites para a pilhagem e o massacre. Quando não há mais ninguém para matar nem mais nada para pilhar, é preciso viver direito como todo mundo, cuidar do gado, talvez semear um pouco de trigo, em vez de ir mais longe em direção a territórios intactos. Quando Átila tomou o poder, os hunos do Danúbio – aqueles cujos movimentos são melhor conhecidos – vinham se mantendo tranqüilos há cinqüenta anos, aspirando obstinadamente ao *status* de amigos do império, não pedindo, há muito tempo, senão para velar pela salvação dele.

# Império, para nós dois!

Ano de 421. Átila tem 26 anos. Sua "longa juventude"[5] terminou. Roas ainda vai viver treze anos. Átila ficará cada vez mais próximo dele, sua influência não parará de crescer e seu domínio de ação, de se estender. Até então ele se comparou aos seus; agora vai medir-se com as potências estrangeiras, Roma e Constantinopla.

Honório é imperador de Roma há 27 anos. Seu sobrinho Teodósio II reina sobre o Bósforo. São dois incapazes, igualmente abúlicos, mas o primeiro é um perverso, facilmente sanguinário, ao passo que o segundo é só fraqueza e se crê sutil por ser igualmente obcecado por direito e teologia. Sua escrita é seu grande orgulho, ela lhe valerá o apelido de Calígrafo, do qual ele se atribuiu uma glória infantil.

É com esses dois personagens que Átila vai se medir. Um e outro se escondem por trás de seus fundamentos de poder – para o primeiro, militares ou funcionários insinuantes, grandes eunucos para o segundo (que são todos assassinados por seus sucessores segundo um ritmo bianual – mil anos mais tarde, os otomanos se inspirarão nesse modelo).

Um e outro praticam também uma espécie de autismo imperial, jamais dando uma resposta às questões que lhe são colocadas, deixando assim se acumularem problemas não-resolvidos. "Só o silêncio é grande", estimavam talvez antes de Vigny...*

O programa de Átila está estabelecido: tratar com moderação Roma, onde se encontra Aécio, e aterrorizar Constantinopla.

Antes de se dedicar a isso, ele se casa oficialmente pela segunda vez, com uma princesa de sua raça chamada Kerka, filha de grande chefe. Kerka será até o fim a esposa principal, a única a receber, quando chegar a hora, o título de

---

* "Só o silêncio é grande, todo o resto é fraqueza" (Alfred de Vigny, *La mort du loup*). (N.T.)

imperatriz. O casal terá dois filhos, decretados "soberanos", e várias filhas.

A ocasião de intervir diretamente nos negócios do império apresentou-se logo: Honório morre em 423.

A sucessão é difícil. Distúrbios explodem em toda parte. Um certo Johannes, alto dignitário em Ravena e grande amigo de Aécio, agora conde do palácio, se faz proclamar imperador sob o nome de João, logo apelidado de João, o Usurpador, contra o herdeiro natural de Honório, o sobrinho Valentiniano. Valentiniano é o filho da irmã de Honório, Galla Placídia, e de um general valoroso, Flávio Constantino, com quem ele a havia casado depois de associá-lo ao seu poder sob o nome de Constance III.

Aécio aplaudiu o Usurpador. Não é apenas a amizade que está em jogo; Galla Placídia é sua implacável inimiga. O ódio shakespeariano das mulheres desdenhadas a incita inteiramente contra o panoniano: ela é apaixonada por ele e ele não olha para ela. Valentiniano só tem seis anos, é grande demais o risco de que a mãe do imperador se aproveite e utilize o poder para se vingar.

Galla apela para Teodósio II, que nada pode fazer, e para a lealdade dos generais de seu irmão defunto para defender os direitos do filho. Os generais não a decepcionam, e o Usurpador inquieta-se: ele não tem exército. Aécio o acalma, declara-lhe que vai cuidar de tudo e vai ver Roas.

Átila está lá. Roas o consulta. Nada é suficientemente bom para o amigo de infância que foi sempre amigo dos hunos. Cinqüenta mil cavaleiros, cifra enorme, tomam a estrada para a Itália sob o comando de Aécio, insigne marca de confiança da parte dos hunos, para confortar o Usurpador.

Eles chegarão três dias mais tarde. Os legalistas foram mais rápidos. O Usurpador, vencido, acaba de ser decapitado. Valentiniano III foi proclamado. No entanto, Galla Placídia ainda não está tranqüila: hunos e romanos estão face a face. Eles nunca se enfrentaram em batalha enfileirada. Os romanos estão em situação crítica. Tudo pode mudar.

A batalha não ocorrerá. Aécio e Galla Placídia fazem as pazes – teriam até se abraçado diante de suas tropas. Largamente recompensados por seus transtornos e sua frustração, os hunos retornam ao outro lado do Danúbio. Aécio volta a Ravena como se nada tivesse se passado, mas Galla Placídia exibe sua própria importância nomeando-o chefe das Gálias.

Tratar Roma com prudência... enquanto Aécio for importante por lá. A hipótese será mantida. Ela não é inverossímil. Mais do que uma aliança, existiu uma espécie de simbiose entre Átila e Aécio. A disponibilização instantânea de cinqüenta mil homens é a prova de uma conivência fundamental. Eles tinham desígnios comuns que ultrapassavam a noção comum de amizade. Ambições de mesma natureza e mesma amplitude. Os dois queriam o poder supremo, o poder imperial, e o quiseram em harmonia, fato extraordinário, cada um por si e um pelo outro.

## Constituição do império

Depois dessa demonstração de poderio, Átila se dedica imediatamente à organização do império de que ele será o fundador e o único titular.

Retoma seus trajetos regulares entre o Danúbio e o Cáucaso, dedicando-se inicialmente a reforçar as comunicações entre a Europa e a Ásia, à imagem do que observou entre os romanos, cuja força se baseia nas estradas e nas postas tanto quanto nas legiões. Esforça-se também para estimular as trocas. De Astrakan a Budapeste logo se estabelecem mercados permanentes, protegidos por guarnições. Do outro lado, o comércio segue etapas que, para o leste, levam a Baku e, para o oeste, a Viena. Os territórios que vão compor o futuro império huno reencontram sua antiga função de cordão umbilical entre a Europa e a Ásia central, rompido desde o começo das grandes invasões.

Quais trocas, entre nômades intrinsecamente dados à pilhagem? Há doravante hunos que não são mais nômades nem voltados à pilhagem, mas sedentários e camponeses, por vezes artesãos e comerciantes. A divisão entre uns e outros é geográfica: os sedentários são os caucasianos, os nômades os danubianos. Estes últimos, fiéis às tradições mongóis, não produzem nada que possa sobrecarregar o homem a cavalo, bem como tornar mais pesada a carroça na qual prospera sua família. A única indústria deles que se conhece – indústria guerreira – é a metalurgia, e alguns de seus ateliês teriam funcionado nas proximidade de Linz, na Áustria. Tais hunos enviam para o oriente armas e ouro. Os hunos do Don e do Volga expedem para o oeste peles, casacos de pele, arroz, cerâmicas e carnes defumadas.

Em 424, nasce o segundo filho de Átila e Kerka, chamado Denghizikh.

Essa ação civilizadora tomou-lhe vários anos. Facilmente explicável pela imensidade das distâncias e do trabalho a ser realizado, tanto mais que as tarefas com freqüência tinham de ser refeitas. O serviço não havia sido concluído quando Ebarse morreu em 431.

Quando Ebarse morreu, nenhum "chefe soberano" lhe sucedeu: o único "rei dos hunos" era agora Roas.[6]

Átila se precipita para o Cáucaso e se impõe como sucessor do defunto, que parece não ter tido filhos. Impõe-se? Os testemunhos faltam mais uma vez, porém o termo é sem dúvida forte demais. A transição, que se saiba, fez-se bem simplesmente: não se sabe se ele era o sucessor designado, mas ele era o sucessor natural. Ninguém tinha sua autoridade. Ele confirma os oficiais de Ebarse, especificando seus encargos respectivos – este último tinha deixado a definição das atribuições em uma vaga instrução clânica ultrapassada. Ele visita os campos e os postos, reforça a defesa comum, nomeia os dignitários entronizados senhores do conjunto huno e não mais apenas do Cáucaso. Consolida ainda as comunicações com o Danúbio, instala finalmente os delegados da corte de Roas para coordenar a ação administrativa, anuncia a chegada de um representante pessoal do rei que lhe prestará contas diretamente de sua ação. Doravante, os caucasianos, ele faz absoluta questão de insistir, são membros completos do que será dentro em breve o império huno, sem ser em nada subordinados aos hunos ocidentais, sob um mesmo monarca.

Nunca se vira império tão pacificamente constituído e não se viu nenhum desde então. Sua organização é um triunfo diplomático do qual, em toda a História, procura-se em vão um equivalente. Ou então a coesão dos hunos – o que os republicanos de 89 teriam chamado de fraternidade – era verdadeiramente excepcional.

O fato de hordas guerreiras espalhadas sobre milhões de quilômetros quadrados terem se deixado reunir assim, em uma federação única e eficaz, só pode suscitar uma impressão muito elevada do reunidor e dos reunidos. Está-se longe das tribos gaulesas.

Mas esse sucesso quase inacreditável é frágil e deve ser protegido. Os hunos têm vizinhos, muitos deles turbulentos e alguns temíveis. Átila impõe-se fazer uma turnê imensa até os confins do que ele já não teme chamar de "império".

Compõe para si uma embaixada, reunindo tudo o que pode para impressionar os que ele vai visitar: os mais belos cavalos, as mais belas armas – mas de desfile –, os mais belos trajes, os presentes mais preciosos – incluindo um carregamento de ourivesaria; os próprios scythes* teriam sentido inveja.

Visitou os ferozes roxolanos, os irascíveis sármatas, os intratáveis akatzires, que aterrorizavam há tempos as vizinhanças do mar Cáspio e não se ligavam a ninguém.

Vai impressionar a todos. Mesmo os chineses nunca terão visto nada parecido; quanto aos sármatas e a outros povos das estepes, não tentarão sequer dissimular seu pasmo diante daqueles longínquos primos, originários como eles das grandes planícies desérticas onde a austeridade é a lei. Os sármatas vagueavam do Báltico ao Cáspio, livremente, é certo, porém pobremente.

O esplendor daqueles hunos lhes dá vertigem, pois o esplendor é a ilustração da força. Quem poderia supor que aqueles selvagens absolutos pudessem ter mudado a esse ponto? Que errantes como eles tivessem se tornado tão ricos?

A afabilidade de Átila, seu evidente desejo de agradar, sua faustosa generosidade devastam as certezas. Os mais desconfiados acolhem desarmados suas palavras de paz, suas propostas de construir juntos uma prosperidade comum. De mudar a vida.

Os mais renitentes, os akatzires, eles mesmos pilhadores profissionais, os únicos a não temer os hunos, pois nunca deles fugiram, cedem à sua sedução. Seu chefe Kouridak aceita maravilhado as bandejas de ouro de Átila e promete jamais atacar os seus. Um pacto sela tal promessa.

---

* Os scythes habitavam o sul da Rússia atual, e suas peças de ourivesaria destacavam-se pela riqueza e pelo talento decorativo. (N.T.)

# Na China

Átila prossegue em direção ao oeste. Ele decidiu ir até a China. Do Cáspio à Grande Muralha a estrada é ainda longa. Saúda primeiro os scythes masságetas, instalados entre o Amu-Daria e o Syr-Daria, afluentes do mar de Aral, que haviam reconhecido a soberania de Alexandre, o Grande. Depois aborda o território dos huen-lun, antes de alcançar finalmente o território de seus ancestrais, os hiong-nu. Estes últimos ficam impressionados ao ouvi-lo falar a sua língua, como um apóstolo depois de Pentecostes.

Os hiong-nu transformados em hunos não tinham partido todos para o oeste 150 anos antes. Assim como ficaram irlandeses na Irlanda depois da fome da batata no século XIX e protestantes na França depois da revogação do édito de Nantes, houve hunos que permaneceram entre o Tibet e a Sibéria. Alguns hunos e suas mulheres devem provavelmente ter sido seguros pela manga com velhos argumentos: "A gente sabe o que está perdendo, mas não sabe o que vai ganhar", "Mais vale um pássaro na mão do que dois voando"...

Os reencontros são triunfais e misturados com melancolia entre os hiong-nu petrificados diante da magnificência daqueles cujos ancestrais tinham partido. Átila distribui espadas cujo corte e dureza maravilham os recebedores. Suplicam-lhe que fique. "Eu voltarei", promete, "mas a China me espera."

É a China do século V, cujo Norte é dominado por uma dinastia de origem turca saída da horda dos T'o-pa. Seu chefe T'o-pa Kuei havia lhe dado o nome chinês de Wei. Os Wei não temiam os hunos, tendo-os derrotado diversas vezes. T'o-pa Kuei tomara a ofensiva contra os juan-juan, horda mongol parente dos hunos que dominava todo o espaço entre a Coréia e o rio Irtych no Cazaquistão, repelindo-os, em 402, para longe do norte do grande meandro do rio Amarelo.

Em 424, T'o-pa Tao, seu neto, filho de T'o-pa Seu, havia impedido uma tentativa de retorno à força e, no ano seguinte, lançado sobre eles uma operação anti-razia. Atravessando o Gobi com sua cavalaria, atacara a residência do khaghan* dos juan-juan na mesma bacia do Orkhon de onde os hunos tinham partido para a Europa cinqüenta anos antes. Após isso, ele tinha se voltado para o Oeste para destruir um outro reino huno fundado no Chen-si pelo clã Hiong-nu dos ho-lien. Em 431, os ho-lien estavam aniquilados, e o Chen-si havia sido anexado ao reino T'o-pa. No ano seguinte, Átila se apresentava diante da Grande Muralha.

Ele ignorou as objurgações dos hiong-nu, para quem ir ver os chineses era loucura e que o haviam feito saber que ele se arriscava seriamente a nunca mais voltar. Tomou algumas precauções, enviando em missão de reconhecimento um punhado de seus oficiais acompanhados de um intérprete. Com a incumbência de informar aos chineses que um membro da família imperial dos hunos – dos hunos, eles deveriam dizer, que detêm no Oeste o império mais vasto do mundo... – veio até eles propor sua amizade.

A delegação é recebida e minuciosamente observada. Quando os chineses ficam convencidos de que se trata de fato de uma embaixada e não de um reconhecimento militar disfarçado, concordam com seu pedido: Átila será recebido de acordo com sua dignidade, mas eles pedem alguns dias. O tempo de lhe prepararem uma recepção digna dele.

Transcorrido o espaço de tempo, ele faz uma entrada solene em uma das capitais do Norte, provavelmente Tuen-Huang. Oferece aos dignitários chineses vários de seus mais belos cavalos, baixelas de ouro e peças de ouro romanas provenientes do soldo concedido a Roas por Teodósio II. Os chineses lhe dão jóias, punhais esculpidos, marfins e trajes de seda.

Ele agrada tanto que querem retê-lo. Convidam-no para ir até mais longe dentro do império dos Wei, cuja grandeza queriam lhe mostrar. E as belezas. Ele declina do convite: aguardam-no na corte do hunos. Já faz muito tempo que ele partiu, seu tio, o "chefe soberano", que infelizmente não é mais jovem, tem necessidade dele. Antes de partir, assina um tratado

* O soberano, em língua mongol. (N.T.)

de amizade com um governador que declara representar todos os Filhos do Céu. Em seguida, dirige-se rapidamente para as margens do Danúbio, deixando atrás de si, do Cáucaso ao Pacífico, a convicção de que uma nova potência formara-se no Oeste, com a qual será preciso contar.

Seu representante a chama de "império". A palavra é talvez um pouco forte no sentido chinês do termo – os romanos pensariam a mesma coisa –, tendo em vista a mobilidade hereditária dos hunos e seu desprezo pelas organizações perenes e instalações permanentes. Mas os chineses aceitaram-no sem piscar.

Retiveram sobretudo o fato de aquele império em formação ser dirigido por um soberano muito sábio e pacífico, muito interessado em manter as melhores relações com o resto do mundo. Atitude digna de louvores, que se pode esperar que seja durável, haja vista a amenidade do príncipe que percorreu caminho tão longo em seu nome, acompanhado de tão belos presentes, o qual já é seu sucessor, todo mundo compreendeu. A viagem de Átila ao Extremo Oriente foi um magnífico sucesso.

# O tratado de Margus

Mal chegou, Átila já tem que se ocupar com o império do Oriente. Teodósio, o Calígrafo, persiste em intrigar seu "general romano" contra os hunos e especialmente contra Roas, que adquiriu importância demais com Átila. O envio dos cinqüenta mil homens em socorro de João, o Usurpador, sob o comando de Aécio, só foi motivo de reflexão no império do Ocidente: os conselheiros mais lúcidos do imperador do Oriente ficaram terrivelmente preocupados. Roas está com força demais nesse momento. Como reduzi-la? Ainda há tempo? Tudo tem fracassado até aqui.

Durante seu périplo asiático – Átila constatou-o –, Constantinopla, longe de se desarmar, redobrou a hostilidade contra os hunos. Não se trata mais de preferir este em vez daquele mestre de cavalaria, Uldin a Roas, sob o pretexto da eficácia; também não se trata de adular, se for o caso, as tribos germânicas do norte da *Puszta*.

Os emissários de Teodósio foram muito mais longe no espaço e na felonia. Eles tentaram subornar os akatzires. O próprio Ebarse foi sondado para se afastar de seu irmão e partir em dois o império nascente. Assim já é demais.

Roma não fica atrás. Aécio, chefe das Gálias, está longe demais para poder temperar uma política tão insidiosa quanto a de Teodósio. Contingentes hunos passaram para o serviço de Roma sem que Roas tenha sido informado. Propostas de aliança, oficiais e clandestinas, foram dirigidas a diversas tribos da federação danubiana por cima da sua cabeça. Os dois imperadores, sem nada lhe dizer, adotaram hunos como conselheiros. Passadores clandestinos romanos foram presos carregados de ouro no seu território. Assim já é demais. Reagir. Contra quem de início?

Tratar Roma com prudência ainda; Aécio não está fora da jogada. É Teodósio quem vai sofrer a represália. Roas lhe dirige um ultimato que nada tem de diplomático. Exige do

Calígrafo dois plenipotenciários a quem ele, Roas, remeterá a lista de seus agravos e a das únicas reparações que permitirão evitar a guerra.

Teodósio, aterrado, consulta Aécio, que lhe aconselha a aceitar.

Com a morte na alma e a raiva no coração, Teodósio designa Plinthas e Epigênio, dois homens de confiança, tanto quanto essa espécie possa existir em Constantinopla, para discutir com os hunos.

Plinthas e Epigênio estarão à frente da embaixada que se dirige a Margus, cidade romana, na embocadura do Morava. Roas irá em pessoa até lá com seus conselheiros.

A estação ruim está começando. Os ventos do setor norte – norte-nordeste exatamente – instalam-se por vários meses. O frio chega. Os ursos barrigudos procuram cavernas onde hibernar tranqüilos se os hunos, grande comedores de ursos, os deixarem em paz. As matilhas de lobos estão de novo juntas; seus lúgubres uivos ressoam e se respondem no crepúsculo do outono. Contudo, é preciso caminhar.

Epigênio e Plinthas avançam em direção a Margus, encolhidos sob os casacões em cima de seus cavalos desesperados, de cabeça baixa diante das borrascas que descem do Báltico e do oceano Ártico. Têm saudades de seus palácios da Corne d'Or, calafetados e aquecidos, que desafiam o bora.

Avançam sem saber que Roas morreu. O último "chefe soberano" dos hunos negros danubianos morreu no final de outubro ou no começo de novembro desse ano de 434, não se sabe ao certo. Os chefes reunidos às pressas aclamaram seus dois sobrinhos como seus sucessores. Eis todos os dois "chefes soberanos", os dois filhos de Mundzuk, só que Bleda *pro forma*, e Átila efetivamente. O sol dos hunos se levanta na Europa; Epigênio e Plinthas serão os primeiros a pagar o preço.

Graças a Roas, a Ebarse e a Átila, que trabalharam juntos vinte anos para a glória de sua casa, a primazia da família de Turda é flagrante entre os hunos do Oeste e reconhecida entre os hunos do Leste. "A consciência de uma certa unidade política é sensível dentro dos dois grupos." Bleda é afastado, Átila é o único representante.

Ele se proclamará imperador algumas semanas depois da morte do tio, no começo de 435, "imperador, rei dos hunos". Os legados de Teodósio serão os primeiros a dever reconhecê-lo. No mesmo movimento, ele define os limites do império. De leste a oeste, o Ural e o Danúbio. Ao sul, o Cáucaso, o mar de Azov, o Mar Negro e os Cárpatos englobando a atual Hungria. Ao norte, ele traça duas linhas retas: do Ural ao Alto-Volga (ao sul do lago de Rybinsk) e do Alto-Volga ao Danúbio na altura de Viena. Essa fronteira norte é simbólica e, no interior do quadrilátero assim delimitado, imensas zonas jamais viram ou verão um huno sequer. Não importa. É preciso ver grande quando se vê como tal.

Essas pretensões desmesuradas não fazem ninguém rir. O império talvez seja nominal, mas os dois impérios romanos, cujos imperadores há muito tempo não controlam senão farrapos, também o são; e esses próprios imperadores mal existem. Átila existe, seus cavaleiros também. Ele está à testa de seu império. Quem viver verá.

A entrevista não ocorrerá na cidade de Margus, que é cidade romana, mas na planície morávia, sobre a margem direita do Danúbio. Teodósio designou dois embaixadores, Átila designou dois também, cercados do mesmo número de secretários que os outros. Ele mesmo está acompanhado de seu irmão Bleda para a figuração. Seus embaixadores são seus dois conselheiros mais próximos, que não são hunos, nem um nem outro: o grego Onegese e o panoniano romano – panoniano como Aécio – Oreste. Esses dois estrangeiros são personagens-chave do império. Estão ladeados por dois adjuntos, estes sim hunos dos mais puros, Esla e Scotta.

Se os grandes chefes sabem se cercar, Átila foi o arquétipo. Cercou-se de lugares-tenentes notáveis com uma total liberdade de espírito. Nem a origem, nem a situação, nem os antecedentes contaram em suas escolhas: o valor que ele adivinhava nos que recrutava era só o que importava. Foi um adivinho sem rival.

Onegese é seu braço direito. Ele lhe delega tudo. Ora é embaixador, ora chefe de exército, ora imperador *bis*. Átila jamais hesita em lhe confiar todos os poderes quando tem que se dedicar a outras tarefas que não o exercício direto do poder. Onegese jamais hesita em tomar iniciativas, até as mais importantes, as quais envolvem a sorte do império. Os chefes hunos mais poderosos obedecem a ele sem murmurar. Vê-lo é ver o chefe. Ele compartilha os atributos mais visíveis do poder. Como Átila, ele tem um palácio de madeira em todos os lugares onde se hospeda; tem a sua corte. Sua mulher é chamada de "rainha Onegese". Ele a associa estreitamente à sua vida política; ela recebe faustosamente os príncipes estrangeiros e os embaixadores.

O panoniano Oreste nasceu perto de Pettavium, hoje Pettau, sobre o Drave, afluente do Danúbio, em uma família já poderosa. Casou-se com a filha do conde Rômulo, personagem considerável do império do Ocidente. Todas as esperanças lhe são permitidas, mas a decadência de Ravena o desgosta. Enviado à corte de Átila para levar uma mensagem, ficou por lá. As esperanças que ele podia alimentar em Ravena eram minúsculas diante das promessas do imperador dos hunos, conhecido por sempre cumpri-las.

Oreste rapidamente se tornou a consciência de seu mestre. Não hesitava em contradizê-lo e, fato surpreendente por parte de um déspota, suas observações eram freqüentemente aprovadas. Encarregado das negociações mais difíceis, jamais seria contestado. Em pouco tempo, como Onegese, acumulou uma fortuna pessoal enorme e este não foi o único ponto em comum: fato raro, esses dois "figurões" da corte não tinham ciúme um do outro. Ele se oporão diversas vezes a Átila em circunstâncias capitais, notadamente a propósito da retirada diante de Roma instigada por Leão, o Grande.

Ao morrer Átila, Oreste se oporá junto com Onegese à divisão do império huno. Sem conseguir se fazer ouvir, retornará à Itália para comandar o exército do imperador Julius

Nepos, de origem dálmata. Constatando sua nulidade, ele o deporá em 475 e o substituirá por seu próprio filho Rômulo Augústulo para governar em seu nome.

O primeiro Rômulo fundara Roma, o último será seu derradeiro imperador. Um ano mais tarde, o rei hérulo Odoacro abolirá o império, deporá o filho e mandará decapitar o pai.

Átila está em casa, é o primeiro a chegar e, desprezando os usos romanos, permanece a cavalo. Os embaixadores de Teodósio recusam a humilhação que seria colocar os pés na terra. A conferência começa, a cavalo, em pleno ar. O vento do norte obriga a levantar a voz. Nenhum cavalo jamais ouviu vozes como aquelas.

Antes de deixar Constantinopla, Plinthas, muito mal-informado, rejubilara-se diante de Teodósio por ver em Átila um príncipe que só podia ser um novato em comparação com o duro Roas. De imediato, quer ressaltar a afabilidade de seu imperador que o mandou tão depressa, ele, Plinthas, conferenciar com os hunos.

Não há afabilidade, corta Átila, só há necessidade: era a conferência ou a guerra. A guerra que os hunos estão loucos para começar, depressa, sem dar tempo para Teodósio tomar a decisão. "Mas...", arrisca Plinthas. Não há mas; aliás, o termo conferência é impróprio. Epigênio e Plinthas só estão aqui para ouvir de que modo o imperador romano do Oriente pode evitar a guerra. Em que condições. Eles responderão com um sim ou um não às condição constantes nessa lista. Os hunos não têm tempo a perder.

Constantinopla deve romper qualquer aliança com os territórios hunos; romper todas as relações com as tribos danubianas e caucasianas do império; dispensar o contingentes contratados sem a concordância de Roas; libertar todos os refugiados hunos de seu território; prometer solenemente nunca mais prestar ajuda sob qualquer forma a um inimigo dos hunos.

Passada a rajada, Plinthas toma a palavra: o imperador do Oriente jamais contratou contingente huno, era preciso se informar do lado de Roma. Átila se cala. Onegese toma nota. Plinthas então retoma uma a uma as condições de Átila, "desejando ter a certeza de ter bem compreendido"... Após cada condição, ele acrescenta a repetição da fórmula seguinte:

"E se o imperador não quiser dar o seu acordo?

"Significa que ele prefere a guerra", responde Átila.

Os enviados de Teodósio ficam mudos.

Átila prossegue com suas exigências. Prisioneiros romanos evadiram-se sem que um resgate tenha sido pago. Ele os quer de volta ou, então, oito peças de ouro por cabeça. É preciso também reparar o prejuízo causado aos hunos pelas manobras de Teodósio no Danúbio e no Cáucaso. Por fim, a amizade dos hunos vale hoje mais do que ontem. Portanto, o imperador do Oriente dobrará para setecentas libras de ouro o soldo pago a Roas, sendo que a palavra soldo não convém mais, deverá ser chamada de tributo – tributo anual do imperador do Oriente ao imperador dos hunos.

"O imperador jamais aceitará!", explode Epigênio.

"Então ele prefere a guerra", constata Oreste sem emoção, antes de oferecer aos embaixadores hospitalidade para a noite.

Uma noite de reflexão, uma única. Átila não esperará mais.

Epigênio é portador do selo imperial que ratifica qualquer tratado em nome do imperador. Eles poderiam concluir, mas como ceder a tudo? É o tributo que os aborrece, a única condição que custa: Teodósio não tem recursos. Vai poder pagar? Epigênio e Plinthas decidem dedicar-se à negociação de um desconto e abandonar todo o resto.

O dia surge sobre a planície aluvial. Os legados, que não dormiram, estão na estrada. Só dois hunos os esperam, envoltos em suas peles, Esla e Scotta, que não falam nem latim nem grego e não abrem a boca. Ficam olhando-se como cachorros de louça durante uma eternidade até Átila dignar-se a aparecer com Onegese e Oreste.

Oreste estende o tratado todo pronto, caligrafado em um latim digno de Virgílio. Plinthas declara que existe o risco de

Teodósio se recusar a dobrar o tributo. Oreste retoma o tratado, declara fechadas as negociações. O imperador do Oriente deseja a guerra, ele a terá segundo o seu desejo.

Epigênio não resiste mais: "Eu tenho o selo, podemos assinar."

O tratado de Margus foi assinado imediatamente.

"Quem a mim é igual só uma vez se apresenta..."* A primeira manifestação de Átila imperador é um golpe de mestre. Em poucas horas, bárbaro fedorento, ele venceu o império do Oriente. Venceu-o sem combate, reduzindo-o, sem desferir um golpe, à condição de tributário. Sem arriscar um único de seus cavaleiros, impôs-se a uma das duas potências que se consideravam ainda donas da Europa, daquela Europa com a qual sonhavam todos os aventureiros do mundo.

O Calígrafo viu-se dividido entre o alívio, a vergonha e a raiva. Alívio por ver afastado um perigo temível; vergonha pela humilhação; raiva por ter de pagar setecentas libras por ano. O alívio, porém, é o sentimento mais forte: ele obedece com uma perfeita docilidade. Sobretudo não contrariar o novo imperador. Manda prender, estranha moral, dois filhos de chefes hunos que ele empregava em Constantinopla – por que não os próprios chefes? – e manda soltá-los perto de Carse, na Trácia danubiana. Átila – aviso aos traidores – manda crucificar os dois inocentes diante da guarda romana que veio entregá-los. Depois volta à sua capital desmontável em algum lugar da *Puszta* e forma seu governo. Onegese ocupa nele o primeiro lugar.

---

* "Quem a mim é igual só uma vez se apresenta/ Pois de mestre é a primeira estocada que tenta" (Corneille, *Le Cid*). (N.T.)

## Benevolência e ferocidade

A agradável capital!, escreverá o grego Priscos[7]. Para dizer a verdade, é uma cidade de tendas e de carroças no centro da qual se ergue um vilarejo cercado de paliçadas. O palácio do rei – se é que se pode chamar de palácio uma residência de madeira – está situado sobre uma elevação no meio do vilarejo. As casas das esposas e dos guardas o cercam. Visto de perto, o edifício é curioso. As paredes são feitas de pranchas habilmente justapostas, o telhado repousa sobre colunas de madeira formando uma espécie de galeria. Tudo isso é muito bem trabalhado e as esculturas, embora com um desenho bárbaro, dão uma certa impressão de grandeza.

Mais do que o palácio de Átila, é o de Onegese que mais o impressiona, pois ele dispõe de um banheiro construído de pedra e mármore segundo o modelo das termas romanas, com uma estufa e uma piscina construída a partir dos planos de um arquiteto grego prisioneiro de guerra, que Onegese reservou para si.

Terror do lado de fora, benevolência do lado de dentro. Átila manda crucificar friamente dois inocentes diante dos guardas que os trouxeram para que eles, retornando a Constantinopla, espalhem o rumor de sua ferocidade. Mas ele quer ser amado tanto quanto ser temido.

"Qualquer um que for admitido no meio dos seus", escreverá ainda Priscos, "poderá contar com sua bondade."

Ele foi com freqüência pintado duplamente: um lado feroz, um lado sedutor. E bom número de historiadores sustentou que o sedutor prevalecia sobre o feroz. Suas crueldades teriam sido apenas políticas, forçadas de alguma maneira por circunstâncias infelizes pelas quais ele não era responsável, mas que devia superar para a salvação do império. Além disso, os suplícios – crucificações, decapitações, empalamentos, escorchamentos... individuais e coletivos – faziam parte dos costumes da época, e os crimes de Átila não eram maiores do que os crimes dos menos importantes generais dos impérios romanos ou persa, sem falar dos crimes dos próprios imperadores.

Os menos severos observam que os autores de alguns textos nos quais podemos nos basear para estudar o personagem eram todos seus inimigos ou mesmo suas vítimas.

Maurice Bouvier-Ajam é um dos que crêem muito no Átila sedutor. Segundo ele, Átila teria de longe preferido essa face de si mesmo em detrimento de sua face terrível. Ele chega até a afirmar:

> Ele gosta tanto [desta face benevolente] que, às vezes, há em seu espírito um conflito entre o Terrível e o Sedutor e lhe acontece de repente, por uma reviravolta tão abrupta que ultrapassa a astúcia diplomática, passar de um ao outro.[8]

Ele teria muitas vezes oferecido a escolha: "Você deseja ser seduzido, ou prefere ser aterrorizado?".

Do lado da sedução, há recepções faustosas nos famosos palácios de madeira cujas salas de solenidades eram, ao que parece, imensas e lotadas de tapetes, divãs e almofadas, de presentes suntuosos; as conversas eram feitas de coração aberto, quando o imperador se fazia adulador, dando a cada um a impressão de que só ele contava. As festas diplomáticas para honrar os dignitários estrangeiros aconteciam, em sua maioria, no palácio da rainha Onegese, ao passo que a imperatriz Kerka recebia preferencialmente os hunos.

# Progresso

Os dois primeiros anos do reinado imperial foram essencialmente calmos após o impacto do tratado de Margus, que assombrou a Europa e reboou na direção leste bem além do Cáucaso. Tudo se deteriora em 437. A frágil coesão do imenso império será ameaçada pelo interior e pelo exterior.

Entre o Volga e o Don, alguns clãs hunos almejam a independência; do lado do Cáspio, akatzires e alanos, rompendo os acordos passados, lançam *raids* contra os hunos brancos fiéis; eslavos belicosos se manifestam dos dois lados do Vístula e teutônicos devastam a margem direita do Elba...

Enquanto isso, Aécio pressiona o amigo para que ele lhe mande um exército para lutar na Gália contra os visigodos da Aquitânia.

Átila vai enfrentar tudo.

No caso dos akatzires e dos alanos do Cáucaso, Teodósio II está envolvido. O Calígrafo não digerira Margus. Retomou contato com as tribos que já o haviam escutado com ouvidos complacentes. Sempre frívolo, deixou seu grande eunuco enviar emissários incompetentes a ponto de distribuírem todo o ouro que estavam carregando a chefes secundários, chegando de mãos quase vazias diante do chefe dos hunos, o deão Kuridak. Injuriado, Kuridak previne Átila.

Átila em pessoa põe-se à frente de um exército, esmaga os chefes akatzires que aceitaram o ouro romano, manda supliciá-los em série e devasta as terras dos alanos que os tinham seguido. Depois, propõe a Kuridak vir vê-lo para "dividirem juntos os frutos da vitória". Kuridak, desconfiado, esconde-se. Teme que esses frutos sejam para ele bem amargos, pois, mesmo tendo denunciado os comparsas de Teodósio, não tem dúvida de que, aos olhos de Átila, a frustração desempenhou o papel principal nessa delação, já que, caso tivesse recebido o ouro, teria permanecido calado.

Em vez de aceitar o convite do imperador dos hunos, esconde-se em local seguro e responde a Esla, que o transmitiu: "Sou um homem muito velho. Meus olhos enfraquecidos não podem mais olhar um raio de sol sem se virarem. Como suportariam o próprio brilho do Sol? Ficarei aqui e o que ele fizer estará bem".

Átila, o Diplomata, admite bastante bem a resposta; Átila, o Sedutor, manda levar ao ancião uma espada de prata como penhor de amizade e a promessa de protegê-lo à frente de sua tribo até o fim de seus dias. Os akatzires traidores são recuperados para o império, junto com os alanos culpados, sob a autoridade de Ellak, seu filho mais velho e preferido. Eis os rebeldes incorporados ao império. Não há por que se espantar: os primeiros são primos dos hunos, e os segundos tão pouco numerosos que submergirão; tanto uns quanto os outros, aliviados por se verem vivos, ficam lisonjeados por ter de agora em diante que obedecer ao filho mais velho de seu conquistador.

Assim se delineia a política desse imperador de um novo tipo: fundação de um império federal, agrupamento de reinos estreitamente ligados, cuja autoridade suprema lhe será reservada.

Com os akatzires castigados e absorvidos, os hunos brancos seduzidos pela dissidência retornam aos melhores sentimentos. No resto de sua turnê, Átila só encontrará chefes fiéis, sendo que os mais comprometidos serão os arrependidos. Abstém-se de puni-los, exercendo a "clemência de Augusto"*, cuidando sobretudo para que os que lhe são verdadeiramente leais disponham de forças suficientes para assegurar a ordem. Depois, organiza as relações entre as novas partes do império e o rei, seu filho, que ele lhes deu.

Com o Leste pacificado, Átila se volta contra o Norte. Para secundá-lo desse lado, sonha com seu irmão Bleda. Instala-o em uma cidade fortificada que domina o Danúbio a jusante de Viena. Ela levará o nome de seu recipiendário

* Corneille, *Cinna*: Augusto, feito imperador, lamenta a campanha de terror, embora reconheça que foi necessária à estabilidade do Estado. (N.T.)

antes de ele se tornar Buda, depois Budapeste, a capital da Hungria... Como muito do que se diz respeito aos bárbaros do século V, a tese não está provada. Os historiadores húngaros de hoje não vêem em Buda senão um sobrenome medieval, surgido bem depois do fim de Átila.

Seja como for, Bleda está lá por causa de seu título único de "chefe soberano". Seu irmão só lhe pede que o encarne sem maiores agitações. Bleda, sabe-se, não quer bancar o chefe. O poder não é para ele senão aborrecimentos e fadiga. Ele quer caçar, beber e comer; amar? Talvez...

Enquanto isso, Átila manda seus colonos transitarem pela Germania até o Báltico sob os comandos de seus três braços direitos: Onegese, Oreste e Edecon.

Os germanos tão temidos são derrotados em toda parte. Os sobreviventes, apavorados, escondem-se no fundo de suas florestas. Os cavaleiros surgidos de suas profundezas para pisotear as praias imensas de um mar desconhecido, salpicadas de pedaços de âmbar, se dignam às vezes desmontar para recolhê-los. Todo o norte da Europa entre o Reno superior, o Elba e o Báltico bem depressa é colonizado. O império dos hunos é então mais vasto do que o dos romanos.

Durante esse tempo, Bleda morre. Era visto, parece, titubeando em sua cidade, condescendente, entre duas bebedeiras. Passada a embriaguez, chamava seu cavalo e ia à caça. Um dia, ele o chamou cedo demais, conseguindo, desgraçadamente, montá-lo. Agarrado à crina, precipitou-se no fundo de um bosque que ele sabia ser o esconderijo de um urso. Infelizmente, o cheiro do plantígrado assustou sua montaria: ela atirou o cavaleiro contra um carvalho no qual seu crânio se esfacelou.

Contestou-se muito essa versão. Foi considerada muito simples. Átila, o Feroz, só podia estar implicado na morte do irmão, do irmão mais velho que ele devia temer que um dia lhe fizesse sombra.

Escritores e historiadores da melhor qualidade sustentaram a tese do assassinato: Átila teria matado o irmão. Essa tese hoje foi abalada. A primeira razão desse enfraquecimento é que ela diminui Átila. Faz dele um matador compulsivo: Átila é um matador, ele mata; segundo a expressão consagrada, ele teria matado pai e mãe, então um irmão... Que Átila foi um carnífice, ele o provou com freqüência, mas também foi uma coisa completamente diferente.

Bleda em nada o incomodava. Bleda não incomodava ninguém. Ele caçava, bebia, comia, feliz por viver naquele ritmo "feliz na sua passividade", escreve Bouvier-Ajam[9]. Interessado sobretudo em que o deixassem tranqüilo. Ravena e Constantinopla é que foram as primeiras a bradar assassinato, afirmando que, na ausência do irmão, Bleda adquirira uma autoridade que a Átila parecera perigosa. Mas elas próprias viviam no assassinato e na hipocrisia. Seus gritos altos não emocionaram muita gente.

Átila ignorou completamente essas acusações. Consolidou seu poder e o acaso pendeu para o seu lado.

# A espada de Marte

Em 439 ou 440, um pastor de bois huno da estepe oriental do Don, a cerca de três quilômetros de sua embocadura, vê chegando a ele uma bezerra ferida no pé. Curioso, segue a pegada deixada pelo sangue, chega a uma ponta que surge do solo, cava, desenterra uma espada.

Ele a limpa. Ela é de ouro. É a espada de Marak! Paládio dos scythes invencíveis, surgidos no passado do mar de Aral pela vontade dos deuses para castigar e dominar os povos amolentados das estepes. Em direção ao oeste, eles haviam ultrapassado o Cáspio e já circunscrito o Cáucaso quando os cimerianos os fizeram parar. Os cimerianos eram assustadores, a coragem scythe tinha vacilado. Então o rei Marak, chefe de todos os scythes, puxara sua grande espada de ouro e mandara cavar um buraco onde ele mesmo a havia colocado, com a ponta no ar, saindo do chão. Depois mandara tapar o buraco e, designando o norte onde estavam os cimerianos, declarara que nenhum scythe poderia mais dar um passo além da ponta da lâmina enterrada. Os scythes galvanizados lançaram-se adiante, os cimerianos intimidados deixaram-lhes o campo livre. Os scythes perseguiram-nos, capturaram seu rei e derrubaram os medas que vieram socorrer... Na arremetida, chegaram às fronteiras do Egito, de onde o faraó Psamético I os afastara cobrindo-os de presentes.

Dario I, o fundador do grande império persa, desistiu de submetê-los. Os generais de Alexandre perderam para eles a Bactriana no Afeganistão e o nordeste da Índia. O rei dos partos, Mithridate II, dito o Grande, foi o único que conseguiu destruir alguns bandos. Os romanos, no alto de seu poderio, evitaram bater-se com eles. E tudo isso graças à espada de Marak! Que os romanos, pragmáticos, chamavam de espada de Marte.

O pastor de bois inventor do gládio sagrado é convidado a levá-lo a Átila. Ele vai até ele, cheio de orgulho, acompanhado de uma coorte de honra na qual se acotovelam os chefes mais valorosos do império.

Átila é agnóstico, mas como não aparentar o maravilhamento, o reconhecimento e a devoção diante daquele objeto de superstições exaltadas diante de tudo que, na superfície do mundo conhecido, considera a guerra como a mais digna de todas as ações dos homens?

Átila joga o jogo que o mundo quer vê-lo jogar. A entrega da espada faz dele o eleito de Marte, o mestre da guerra e portanto da paz.

As reações a essa descoberta são extraordinárias. A espada fica exposta durante meses na capital do império. Milhares de curiosos – ou de adoradores –, freqüentemente vindos de muito longe, desfilam diante do objeto divino, pois, no espírito do tempo, sua posse por um deus tornou-a divina. Do mundo inteiro, as congratulações afluem. Ravena e Constantinopla também jogam o jogo. Essas duas capitais que se dizem cristãs comportam-se como os pagãos ao ver uma eleição celeste naquela descoberta no coração do império huno. Não falta muito para que o detentor da espada se torne ele mesmo deus – não faz assim tanto tempo desde que os imperadores romanos pretendiam sê-lo. Os próprios chineses contribuem com suas felicitações.

Átila responde. Envia Edecon à China, carregado de manuscritos gregos recolhidos no passado dos romanos e dos burgúndios para serem entregues aos mandarins. O Filho do Céu entrega, para o seu chefe, para ele mesmo e os altos dignitários hunos, as insígnias das mais altas distinções que se podem conceder a estrangeiros.

Onegese vai a Ravena levando consigo, para dar a Galla Placídia, placas de marfim esculpido, que se sabe que ela adora, e, para Aécio, um capacete de prata e cinturões dourados. Mas o legado encarregado de agradecer a Teodósio II suas belas palavras vai de mãos vazias.

Toda essa glória extraordinária atrai sobre Átila o amor devorador da irmã do imperador Valentiniano III, filha, como ele, de Galla Placídia e de Constance III, a muito bela e muito turbulenta Honória. Inteligente e apaixonada, essa filha indomável só causou aborrecimentos à sua pobre mãe e exasperou o irmão imperador. Ela era o capricho em forma de mulher, dona de um temperamento vulcânico que a fez muito cedo a criatura mais escandalosa de uma corte onde o escândalo era o pão de cada dia. Em Ravena, fora preciso trancá-la em um convento. Como as parede eram transponíveis, foi mandada para Constantinopla, onde foi submetida a um regime de vigilância especial, que ela despistou e do qual se aproveitou. Escapou e reapareceu triunfante em Ravena, tendo se tornado verdadeiramente não-casadoira, a despeito de seu nascimento. Seu irmão teria desejado trancá-la muito longe, em uma fortaleza inviolável, mas a mãe não teve coragem. O escândalo teria sido muito grande. Valentiniano compreendeu-o.

Ela tinha 23 anos em 440 quando a espada de Marte foi descoberta. Ela se inflamou. Escreveu a Átila pedindo-lhe que se casasse com ela e juntando à carta um anel; de núpcias, dizia ela. Quanto a seu dote, que Átila não se atormentasse, ela teria a metade do império do Ocidente como filha de Constance III...

O Flagelo de Deus está perplexo. Despede o mensageiro sem resposta. No seu retorno a Ravena, Honória não está mais lá. Ela se confessara a uma doméstica que imediatamente relatara todos os seus projetos a Galla Placídia. Valentiniano imediatamente a trancara em um convento de paredes reputadas intransponíveis. Ela se evadira na mesma hora e ninguém ficara sabendo, durante muito anos, o que havia acontecido com ela!

Átila guardou a carta e o anel. Não lhe faltavam mulheres, Honória não o obcecava. E depois, mais do que o amor, era a vingança que ocupava naquele momento o seu coração.

Não era suficiente ter incorporado os akatzires ao império depois de tê-los derrotado e punido; Teodósio, responsável pela traição deles, nada sofrera por sua perfídia. Isso não podia ficar assim. O prestígio huno exigia uma réplica mais visível do que o sucesso, mesmo que completo, de uma expedição punitiva aos longínquos confins do próprio império huno. Era preciso atingir o Império Romano.

Como o tratado de Margus vinha sendo desrespeitado, era lá que era preciso concentrar seu ataque.

# Vingança

Todos os anos, acontecia na planície de Margus uma das maiores feiras da Europa, onde se encontravam os negociantes dos dois impérios romanos. Ela assegurava importantes lucros para o do Oriente, que era o anfitrião. Além dos representantes de todos os povos da Europa, cruzavam-se ali persas, hindus, chineses... hunos também, que vinham como vizinhos. Era uma feira de nível mundial.

No ano de 441, os hunos se apresentaram em massa. Os vendedores se congratulam por esse afluxo de clientela. Mas esses hunos não eram compradores, eles puxaram de dentro de suas vestimentas punhais e espadas e ordenaram: "Que ninguém se mexa!". Aproveitando-se da fraqueza da polícia de Teodósio, os hunos apanharam tudo o que conseguiram e incendiaram o resto. Em seguida, levaram os cavalos e os bois, depois de consumir todas as bebidas disponíveis.

Teodósio informado interroga Átila: trata-se de simples bandidos que o imperador dos hunos saberá castigar ou de criaturas do imperador?

Não há bandidos entre os hunos, responde Átila. O que foi feito em Margus foi por minha ordem. Mas nada teria acontecido se o imperador Teodósio não tivesse violado o tratado de Margus. A intervenção era punitiva por motivo duplo. Punir Teodósio primeiro, depois o bispo Andoche, titular do lugar, pois este último violara as sepulturas dos chefes hunos enterrados perto do Danúbio para de lá furtar as armas e as jóias que elas continham. A presença de Andoche na sede de seu bispado havia sido assinalada, e Átila resolvera segurá-lo para fazê-lo devolver tudo. Lamentavelmente, a informação tinha vazado. Mas era só uma questão de tempo...

O Calígrafo sucumbiu. Então, fraco demais para fazer a guerra, contentou-se em evocar o direito. Era um sagaz jurista, sabe-se. Que tinha violado o tratado de Margus, ele era o primeiro a saber. Mas se esquivava sobre o caso do bispo.

Sua chancelaria fez saber ao imperador dos hunos que a ele competia, a ele, Átila, detentor da espada de Marte, apresentar queixa, levar o bispo à justiça para obter reparação. Não se faz justiça com as próprias mãos em um país civilizado.

A justiça dos hunos não é a de Roma, respondeu Átila sem mentir. Os hunos castigam os malfeitores tão logo confirmados seus delitos, sem procedimento protelador. Ele deplora o simplismo do juridismo romano, que imagina sem pejo que um imperador estrangeiro se apresente como litigante diante dela!

Átila exige apenas a aplicação de um direito internacional cuja noção ele acaba de inventar. Exige que o bispo Andoche seja extraditado e entregue à sua justiça pessoal, a justiça dos hunos, que o fará ser enforcado imediatamente, sem argúcias protelatórias. Se Teodósio deseja aplicar seus próprios preceitos, que convoque o bispo e ele mesmo o interrogue antes de entregá-lo...

Eis Andoche diante de Teodósio. Ele se indigna: jamais violou uma tumba sequer. Ignora tudo a respeito dessas sepulturas de chefes perto do Danúbio...

A chancelaria o manda de volta a Margus e, para adiantar o inquérito, quer saber de Átila qual é a situação e o inventário das tumbas profanadas. Átila responde ter pedido a entrega de um culpado e não a realização de um processo. E já que não estão querendo entregá-lo, vai pessoalmente pegá-lo, instalando o trono diante de Margus.

O bispo Andoche avaliara a fraqueza de Teodósio: os hunos faziam o que queriam na planície morávia. As magras guarnições romanas não podiam se opor a eles. Embora tivesse fortificado sua cidade por saber que muralhas deteriam os hunos, conjecturando que não seria socorrido, decidiu negociar.

Oferece abrir Margus com a condição de que ela permaneça cidade episcopal e ele mesmo seu bispo. Átila aceita. O bispo e seu clero vão saudá-lo solenemente no seu acampamento e, junto com ele e sua guarda, voltam à cidade para entregá-la. Átila abraça Andoche e tudo está dito. Constantinopla, sem reagir, perdeu um local que comandava sua fronteira norte, cuja feira constituía um de seus recursos principais.

Teodósio vai suplicar a Valentiniano III, seu homólogo do Ocidente, que envie suas legiões contra o invasor. Valentiniano consultará Aécio, seu general em chefe. Aécio dirá não, alegando não ser o momento.

A situação no Ocidente não era melhor do que no Oriente. Os vândalos que ocupavam a África tinham tomado a Sicília, que era o celeiro de Roma. Os piratas dominavam o Mediterrâneo; era preciso armar uma nova frota para limpar o mar e transportar as tropas para Cartago. Na Gália, os bagaudas* mantinham revoltas permanentes, os visigodos eram indomáveis e os alanos irredutíveis. Por fim, os hunos eram amigos do Ocidente e, nesse contexto, amigos indispensáveis.

A hipótese de um acordo secreto entre Átila e Aécio foi logo formulada. O acordo teria ido bem longe: os dois dividiriam a Europa entre si, com os despojos dos dois impérios. Contudo, nada pode ser provado.

* Bandos armados formados por soldados desertores e camponeses sem-terra que ameaçavam e pilhavam o nordeste da Gália. (N.T.)

# Vingança, a seguir

Eis Átila presente nas duas margens do Danúbio. O sucesso é considerável; Roas, apesar dos constantes esforços, exclusivamente diplomáticos é verdade, permanecera bloqueado ao norte do rio. Mas ele ainda não terminou a questão com o império do Oriente. Sua vingança não está completa e, sobretudo, sua ambição não foi satisfeita. Com Teodósio paralisado, ele avança seus peões, em outras palavras, seus exércitos.

Avançando a partir de Budapeste, toma Viminacium, centro das guarnições do sul do Danúbio, apodera-se de Ratiara, cujos defensores são exterminados, depois se apresenta às portas de Belgrado, futura capital da Romênia, então chamada Singidunum. Instruída sobre a sorte de Ratiara, a guarnição prefere render-se, engrossar as fileiras de Átila e subir com ele na direção oeste o vale do Save para se apoderar da Panônia Segunda, dependência do império do Oriente. Ele chega diante de Sirmium, uma das mais importantes praças fortes do império, e sua poderosa guarnição está decidida a se defender. Mas é Oreste, panoniano, compatriota dos sitiados, quem comanda as forças hunas.

A voz do sangue se faz ouvir: discute-se. Reconhece-se que o combate seria fratricida. Sirmium abre suas portas.

Átila concede à guarnição as honras da guerra e lhe propõe a seguinte escolha: passar para o lado da Panônia Primeira, no império do Ocidente, ou engrossar os exércitos hunos da Panônia Segunda... A segunda proposição é adotada em massa. A vingança de Átila está agora completa.

Sirmium comanda a Ilíria, a Dalmácia, a Mésia, a Macedônia e a Trácia. Não há mais obstáculos entre Constantinopla e o Flagelo de Deus.

Átila fica mais tempo em Sirmium para saborear sua vitória. Convoca para lá seus mosqueteiros – Onegese, Oreste e Edecon – para a mais grandiosa das festas de que se lembram os hunos, ocorrida na casa de pedra do governador romano expulso na véspera.

Digerida a festa, o dever os chama: completar a humilhação do império do Oriente.

Edecon conclui a conquista da Mésia. Descendo o vale do Maritza, toma a direção da Trácia, apodera-se de Filipópolis – hoje o Plovdiv búlgaro – e instala seus quartéis em Arcadiópolis – o Tekirdag da atual Turquia –, na beira do mar de Marmara, a duas etapas da antiga Bizâncio, pois Átila ordenou-lhe que não se mexesse mais.

Onegese aprontava-se para invadir a Macedônia quando, num esforço supremo, Teodósio lhe opôs um exército suficientemente poderoso para inquietá-lo. Com o objetivo de reuni-lo, ele concluíra uma paz vergonhosa com os persas sassânicos, desguarnecendo seu *front* da África contra os vândalos, e mandara vir sua frota da Sicília, que devia chamá-los à razão. A força assim constituída era essencialmente constituída de mercenários godos. Era comandada pelo romano Aspar, amigo de Aécio, secundado por dois generais germanos, Aerobind e Arnegisdon.

Esse exército, da última chance, foi encurralado por Onegese vindo do oeste e Edecon vindo do leste – que nem por isso desguarneceu o *front* de Constantinopla. A retirada se impôs. Aspar ordenou-a. Os godos leitosos de cabelos ruivos refluíram furiosos na direção do Corne d'Or através da Trácia inferior.

Livre dessa ameaça, Onegese partiu novamente em direção ao mar Egeu, alcançando-o em Gallipoli, e ocupou a praça forte de Athyras, quase subúrbio de Constantinopla. Átila lhe enviou a ordem de não se mexer.

Ele mesmo, o imperador dos hunos, deixou Sirmium pela Mésia e a cidade de Nis, hoje na Sérvia, então chamada Naissus. Era a pátria de Constantino, o Grande, que havia feito de Constantinopla a capital do Império Romano. Tomou-a e ordenou sua destruição imediata. A vingança estava consumada.

## Primeiro enigma

Por trás das muralhas enormes e novas, cuja construção foi provavelmente a obra mais importante de Teodósio, o Calígrafo, concluída no máximo dez anos antes da aparição dos hunos, Constantinopla retém o fôlego. Essas muralhas são imponentes, durarão séculos, e seus restos ainda hoje surpreendem os viajantes, mas a capital do império do Oriente está debilitada e já se vê submersa.

Os dois exércitos, de Onegese e de Edecon, a mantêm sob sua lâmina. Eles aguardam Átila a quem, sozinho, compete a glória de tomá-la.

Aspar e seus godos aguardam o assalto sem ilusões. Certo, os hunos não são forçadores de muralha. Não têm máquinas de sítio e falta-lhes por completo a paciência indispensável para investir contra uma cidade fortificada daquela maneira. Mas sua moral está no zênite, e na cidade um pânico surdo prestes a explodir contamina os espíritos. Os que vão se bater só o farão pela honra.

Átila junta-se a Edecon em Arcadiópolis. Convoca para lá seu estado-maior: Oreste, Onegese, Scotta e Berik. Ordena a todos que fiquem com a arma no pé. Devem estar prontos, mas é preciso esperar. Seus lugares-tenentes não fazem perguntas. Obedecem sem piscar.

A renúncia à Constantinopla é o primeiro dos três grandes mistérios de Átila. Suas duas outras renúncias serão diante de Roma e de Paris. Três vezes, ele deu meia-volta diante de três cidades resignadas a se deixar tomar. E pouco importa que a Paris do século V não fosse mais do que um pequeno burgo ao lado das duas primeiras, o que conta é a mudança brusca.

Por que essa renúncia? Supôs-se que Aécio teria lhe pedido para não ir mais longe. Supôs-se que, para poupar a vida de seus homens – o assalto contra Constantinopla teria custado caro, haja vista suas muralhas formidáveis –, ele teria esperado que Teodósio, desesperado, abrisse negociações. Supôs-se que ele teria desejado recompensar suas tropas pelas fadigas, deixando-as descansar em uma região agradável, bem abastecida. Supôs-se que, advertido pelo exemplo do Império Romano – quem muito abarca pouco abraça –, ele teria recusado o crescimento fatal de seu império.

Essas duas últimas suposições parecem inconseqüentes: as tropas de Onegese e de Edecon estavam inativas há muito tempo quando se deu o conselho de guerra, ocasião em que se decidiu não ir mais longe; quanto à necessidade de digerir a conquista, Constantinopla em si – alguns quilômetros quadrados de construções diversas – não representava um crescimento mortal.

Supôs-se finalmente que alarmantes notícias provenientes do Cáucaso e do Volga o teriam dissuadido de atacar.

Com efeito: hunos brancos se insurgiam contra os oficiais que ele nomeou para enquadrá-los no antigo reino de seu tio Ebarse; os akatzires, a quem ele deu seu filho Ellak como rei, se agitavam e, sentindo-se muito restringidos em seu território, sonhavam em conquistar outros; por fim, hordas hunas da Ásia central cediam ao secular tropismo de seus congêneres e provocavam à sua passagem os mesmos estragos que seus predecessores. Seus acampamentos escalonados do Cáucaso aos Cárpatas para assegurar a segurança do império não eram suficientemente poderosos para detê-los. Uma ação destinada a retê-los se impunha.

Esta teria sido a primeira causa da renúncia a Constantinopla: a milhares de quilômetros da Corne d'Or, a salvação do império estava em jogo.

# Pacificação

Átila deixa Arcadiópolis com Berik e parte para o leste no final do ano de 444. Além do restabelecimento da situação, trata-se de reforçar a coesão do imenso conjunto do qual ele pôde apenas lançar as bases seis anos antes.

A expedição vai deixar atrás de si um longo rastro de sangue, mas ela alcançará seu objetivo: o império tomará uma forma. Ele se parecerá com outra coisa, e não com uma vaga confederação de nômades, à qual muitos ignoravam pertencer, sobre a qual a maior parte sequer ouvira falar.

A contabilidade da repressão geral e dos expurgos particulares foi estabelecida, não sem margem de incerteza, mas muito cuidadosamente.

Quarenta mil homens teriam morrido no combate contra as tropas de Átila e de Berik. Quarenta mil outros teriam sido liquidados durante os massacres coletivos perpetrados pelas mesmas tropas. Átila em pessoa, porque o tempo corria, porque lhe acontecia de não conseguir se conter e, mais friamente, para dar exemplo, teria despachado com sua mão um número ignorado, mas mesmo assim substancial, de opositores. Dez mil outros súditos do império teriam caído durante combates fomentados entre hordas antagônicas – Átila lançando as que lhe eram favoráveis contra as que o eram menos. Duzentos e cinqüenta chefes de clãs teriam sido assassinados, vítimas, para muitos, de "acidentes de caça", além de três mil contestatários de menor importância. Teria sido contabilizada, dentre os chefes executados, uma esmagadora maioria de velhos, substituídos imediatamente pelos jovens aos olhos dos quais, naturalmente, Átila era o progresso.

O resultado desse expurgo foi que, finalmente, o império mereceu seu nome: Átila foi verdadeiramente seu mentor. Mesmo que tenha permanecido enfraquecida, a centralização que ele impôs no sangue conferiu-lhe autoridade em toda a parte.

As fidelidades reconhecidas expressaram-se pela doação de uma quantidade considerável de mulheres, dadas como garantia de aliança ou de sujeição. Átila e Berik teriam levado uma centena cada um, filhas ou viúvas de chefes diversos, de volta ao bom caminho. As mais importantes, esposas; as outras, concubinas. Eles distribuíram a maior parte entre seus oficiais.

Tais ações tomaram o ano de 445.

Durante esse tempo, com Edecon sempre vigiando Constantinopla, Onegese foi autorizado a penetrar na Macedônia. Os dois homens estabeleceram juntos um plano de campanha. As forças romanas que encontrarão diante deles serão de dois tipos: mercenários bárbaros e legiões disciplinadas. Os hunos também estão, de certo modo, do mesmo jeito. Há os hunos clássicos, arqueiros das estepes, individualistas ligados a seus cavalos para o melhor e para o pior, e formações de infantaria instruídas à maneira romana, imitações honrosas das famosas legiões. A cada encontro vão para a frente os elementos em melhores condições de se bater contra o inimigo. Edecon dedica-se particularmente a construir as máquinas de sítio cuja ausência limita os hunos a ter que contornar as praças que encontram ou a deixá-las com fome, no primeiro caso deixando atrás deles um adversário intacto, no segundo perdendo o tempo e a vantagem da velocidade.

Esses preparativos levam a atrasos. Teodósio se tranqüiliza. Ele se engana.

Onegese entra na Macedônia no fim de 445. A pátria de Alexandre, o Grande, é mal defendida. Os mercenários do Calígrafo fecham-se dentro de seus fortes e evitam sair, deixando toda a região aos hunos.

Onegese não se apressa. Tenta serenamente as balistas e catapultas que Edecon lhe forneceu contra as guarnições que se acreditam em segurança dentro de suas trincheiras. Seus equipamentos poderiam ser aperfeiçoados, mas os resultados estão ali. Os fortes tombam um a um, e seus ocupantes são exterminados – a menos que ele lhes dê a chance de escolher engrossar suas tropas.

Passa pela Tessália, deixando o Olimpo atrás de si. Dois exércitos romanos apresentam-se sucessivamente para detê-lo. Ele lhes opõe suas legiões avançadas e massas de cavaleiros os obrigam a se espalhar. Os dois exércitos são destruídos. Os sobreviventes fogem, uns na direção de Atenas, os outros na direção de Constantinopla, onde, juntando-se às tropas de Aspar, reforçam seu desencorajamento.

Tudo isso levará cerca de dezoito meses. No outono de 447, depois de deixar Edecon diante de Constantinopla para invadir a Grécia, Onegese está nas Termópilas.

O balanço da campanha – com o benefício de um inventário hoje impossível – seria de 85 praças destruídas; dezenove na Macedônia, nove na Trácia, 57 na Tessália.

No final do ano, Átila triunfante chega com grande aparato a Arcadiópolis. Onegese, de volta da Grécia, faz seu exército manobrar diante de Athyras sob os olhos dos defensores de Constantinopla. As exibições de sua artilharia, constantemente reforçadas por novas máquinas, terminam de destruir o ânimo dos últimos soldados do Calígrafo. A negociação, julga Átila, pode ser aberta.

# Negociação I

Átila convoca Oreste, ordena-lhe que entre em contato com Aspar, que ele conhece, e lhe dá instruções, sutil mistura de frieza e calor.

O general de Teodósio escuta primeiro que o imperador dos hunos está decidido a tomar Constantinopla a qualquer preço, mesmo que deva desguarnecer suas fronteiras e recrutar até na China para reforçar seus efetivos. Se, por mais inverossímil que pareça, Aspar vencer, Teodósio só reinará sobre cadáveres e famintos...

Mas Átila não deseja nem o fim do Império Romano do Oriente, nem sua ruína. Ele só quer se vingar. Está feito. Ele devolveu em cêntuplo os insultos que sofreu no passado. Está satisfeito e agora só quer a paz. Que Teodósio a peça e tudo correrá bem. Tendo em vista a situação, compete a ele pedir.

"Qual será o preço?", pergunta Aspar. Ouro. Ouro sobretudo. Claro que haverá que definir algumas retificações de fronteiras, mas é ouro que Átila deseja. O ouro sempre fascinou os hunos, lembra o grego Oreste ao romano Aspar, pois Átila está arruinado. Arruinado por sua conquista.

Aspar registra. Vai ao palácio imperial, sopra no ouvido de Teodósio que peça a paz, como Átila aconselha.

A paz? O Calígrafo tem muita dificuldade para acreditar na sua felicidade. Vira-se perdido.

As conversações têm início. Átila envia Scotta – mongol de combate, muito feio, muito sujo, muito fedorento – para enumerar suas condições. Teodósio se recusa a receber aquela criatura repugnante. Seu espadeiro* vai se encarregar, manda dizer-lhe, ele tem delegação para tudo. Esse espadeiro é ao mesmo tempo o grande eunuco. Ele se chama Crisáfio.

As condições são as seguintes:

---

* Espadeiro ou porta-espada: dignidade conferida a um guarda do corpo imperial. (N.T.)

O grande eunuco confirmará que a negociação está aberta à demanda instante do imperador romano do Oriente. É ele quem pede a paz.

A expedição que Átila se viu obrigado a empreender requer indenização. Crisáfio se espanta. O império do Oriente é que foi vítima dela. Pode ser, responde Scotta, mas a expedição, tornada necessária pelo incompreensível comportamento do imperador do Oriente, desorganizou a economia huna. É preciso reparar o prejuízo. Crisáfio se cala.

Segundo o tratado de Margus, os evadidos romanos deviam ser recuperados pelo preço de oito peças de ouro por cabeça. Mas a quitação não se completou, ainda falta muito. Conseqüência, o preço aumentou. De oito peças passa para doze.

O tributo anual já pago pelo império do Oriente ao dos hunos será elevado para duas mil e cem peças de ouro.

Crisáfio consente com tudo.

Resta resolver as questões territoriais... inquieta-se ainda assim. Veremos isso mais tarde, responde Scotta.

Teodósio assina sem uma palavra o tratado que lhe apresenta seu grande eunuco. Scotta o leva a Átila.

Passada a ferida no amor-próprio, Crisáfio esfrega as mãos. Está encarregado das finanças. Compete a ele cobrar os impostos suplementares que serão aplicados para pagar o tributo. Sua fortuna nada sofrerá.

Dois meses mais tarde, Scotta volta, promovido ao cargo de embaixador. O imperador que o havia desdenhado é obrigado dessa vez a recebê-lo. O grande eunuco cai das alturas: Átila encarregou Scotta do controle dos impostos ligados ao pagamento da indenização. A ingerência é extraordinária e a impudência inigualável. Teodósio aceita mais uma vez. Scotta e seus contadores vão verificar tudo. Crisáfio vai remoer sua raiva e não perdoará.

A vingança é agora perfeita. O imperador e o império do Oriente não são mais do que palavras cuja própria existência só se deve à disposição do imperador dos hunos. "Mais vale criar um nome do que ter que arrastar o seu", lançará Voltaire um dia ao senhor de Rohan que o criticava por seu pseudônimo: Átila e Teodósio poderiam ter-lhe inspirado essa máxima. Teodósio II não é mais imperador senão no nome. O que é um imperador tributário?

A situação que prevalecia há séculos na esfera romana foi invertida: naquele momento, eram os bárbaros que arrecadavam tributo. Átila poupou seus exércitos que poderiam ter quebrado os dentes contra os blachernas*; ele enriqueceu. É o árbitro da Europa e o terror dela.

* De Blachernae, Constantinopla. (N.T.)

# Metrofobia?

Mas ele não entrou em Constantinopla, e a Europa inteira se pergunta por quê. Em virtude de qual acordo secreto? Ou de qual fraqueza? O simbolismo da capital não é menos forte no século V do que sempre foi. A entrada na capital inimiga é a prova menos discutível da vitória. Átila se recusou a oferecê-la.

Perdemo-nos em meio a suposições.

Aécio teria dito "não vá mais longe" a seu amigo de trinta anos.

Átila teria se contentado em colocar de joelhos – mal chega a ser uma metáfora – um imperador inconsistente; acrescentar o fardo do império do Oriente ao seu não o teria interessado.

Entrar em Constantinopla? Vaidade. O huno é homem das estepes, para quem as cidades são prisões. O infinito é o seu reino, sua capital é onde ele está.

Pouco numerosos são os que lhe creditam uma moderação profunda, que seria sabedoria superior. Para a maior parte, o huno, nômade incurável, é incapaz de ver além da rapina e do resgate. Ele percebe melhor do que ninguém: a pilhagem de Constantinopla seria fabulosa, mas o prêmio que ele recolheu não foi menos importante, só que num registro mais sutil, o da humilhação.

Seus críticos não querem reconhecer-lhe essa sutileza. Para eles, o huno continua sendo o huno. Ele pode falar grego e latim, conseguir elaborar as teorias mais sagazes, manifestar aptidões que surpreendem a diplomacia, mas continua sendo um bárbaro.

Menos numerosos ainda são os que consideram que o imperador dos hunos jamais teve a intenção de se apoderar de Constantinopla. Para estes, ele só quis dar essa impressão, mas na verdade tinha outros desígnios, impenetráveis em 448 tanto quanto em 2005. Também não são levados a sério.

Uma questão de outra ordem escapa, contudo, à acumulação de hipóteses racionais: Átila era louco? O tema do príncipe demente é um dos mais literários e até mesmo poéticos que existem. O monarca irresponsável – a expressão é um pleonasmo, mas este é regularmente ignorado – é um clássico do teatro mundial. Qual teria sido a loucura de Átila?

O medo de vencer, o temor de esmagar, de ir longe demais, alto demais, forte demais. A recusa de ser grande demais. Não abusar de talentos já incomparáveis. Uma preocupação metafísica de modéstia não somente entre os conquistadores, como também entre os homens comuns.

A desistência diante de Constantinopla é a primeira de uma série até a retirada da Champagne depois dos campos cataláunicos. Seu destino a tornará definitiva, mas não é proibido pensar que, se ele tivesse conseguido efetivar a grande ofensiva contra o império do Ocidente agonizante, teria dado no mesmo.

No momento de concluir, de desferir o golpe fatal naquela estrutura condenada, alguma coisa mais uma vez o teria impedido de transgredir uma certa regra absoluta e não-formulada, provavelmente por ser informulável, incompreensível para os humanos comuns, e de consumar seu triunfo.

Átila, esse homem extraordinário, teria respeitado essa regra apenas para si mesmo, uma vez que só era inteligível para ele. A incompreensão foi, pois, geral, com uma espécie de estupor; tanto uma quanto o outro atravessaram os séculos.

A hipótese de uma certa demência confunde-se com a de um certo desinteresse: como o Flagelo de Deus não quis exibir triunfos ostentatórios – entrar como vencedor em Constantinopla e em Roma –, os apreciadores de ostentação declararam-no louco, já que tamanho desinteresse lhes era incompreensível. Conhecemos a fanfarronada de Barrès – "Tudo obter para poder tudo desprezar"* –, expressão de uma mesquinhez ainda mais deplorável por ele ver grandeza nela, revelando-o tal como o burguês de Flaubert – "Eu cha-

* Conhecida citação do escritor e político de direita nacionalista francês Maurice Barrès (1862-1923). (N.T.)

mo de burguês qualquer um que pense indignamente" –, pois esse "tudo obter" não dizia respeito para ele senão a honras e proveitos materiais que estavam disponíveis no seu tempo, a confluência dos séculos XIX e XX, e que são sempre os mesmos: decorações, distinções e títulos que é preciso sempre aceitar ou buscar, uma vez que o desprezo de que se pretende cobri-los nada mais é do que desprezo de si mesmo. Átila não terá por que se desprezar.

# Negociação 2

As reparações alcançarão seis mil libras. Sua quitação, conduzida por Scotta e seus contadores, será prontamente efetuada.

Foi preciso, parece, pressionar os ricos, pois atormentar os pobres não teria sido suficiente.

É provável que o imperador dos hunos nunca tenha merecido tanto seu apelido magnífico – Flagelo de Deus –, que o liga diretamente ao *Magnificat* da Bíblia, no qual está dito que Deus "manda embora os ricos de mão vazias". Os ricos do império do Oriente vão se lamentar lamentavelmente, ao passo que Átila não contará o dinheiro que lhes tiver arrancado. Ele tem outra coisa para fazer: negociar o mais importante. Levar a cabo a grande negociação que deve resolver a questão do Oriente.

Agora negociemos, propõe Átila.

Negociemos o quê? Negociar... perturbador mistério para um imperador tão decadente que basta essa palavra para enregelá-lo, pois nela só consegue ver, com razão, a aceleração de sua decadência. Teodósio está consternado, dado que, para as preliminares do novo rebaixamento, Átila lhe envia seus dois braços direitos principais depois de Onegese: Edecon, o Intratável, e Oreste, o Inflexível.

O ano de 449 começa. Edecon e Oreste chegam a Constantinopla, acompanhados do legado Vigilas que os acolheu na fronteira. Teodósio os recebe segundo o protocolo. No fundo do coração, ele nunca esteve tão longe do protocolo. Em seguida, Vigilas os instala nos apartamentos do grande eunuco.

Crisáfio, em trinta anos de carreira, adquiriu uma autoridade que o faz se julgar invulnerável, sobretudo por dispor dos favores da imperatriz Athenais, a qual exerce, por sua vez, sobre o marido o mesmo tipo de autoridade que a marechala d'Ancre sobre Maria de Medici – "do direito que um espírito forte e firme em seus desígnios tem sobre o espírito limitado dos vulgares humanos"*.

Crisáfio mandou assassinar seu predecessor. Acumulou os encargos de espadeiro, de controlador das finanças e depois de primeiro-ministro. Teodósio não faz nada sem ele. Ademais, após trinta anos de sucesso vergonhoso, ele se julga irresistível, acreditando tolamente que tudo se compra e que ele tem como comprar tudo.

De Oreste, ele desconfia. Disse-o a Teodósio, e Oreste ficou sabendo: "Como Átila ousa lhe pedir a expulsão dos hunos que se colocaram a seu serviço enquanto o principal ministro dele é um trânsfuga romano?".

Edecon lhe parece mais acessível. Homem das estepes austeras, o esplendor da corte do Oriente deixa-o ofuscado. Os mármores, os pórfiros, os ouros, os jades, as tapeçarias lavradas, ele nunca viu nada parecido e não esconde sua admiração. É preciso tentá-lo.

Crisáfio convida-o sozinho para jantar. A refeição é de um refinamento e de um luxo impressionantes. À medida que desfilam pratos com que o huno jamais sonhara, a fascinação aumenta. Crisáfio insinua-se: só depende de Edecon possuir tudo aquilo... O movimento do braço do grande eunuco é suficientemente amplo para ultrapassar a mesa, a sala, o palácio, toda a idéia de fortuna mensurável, evocar a maior fortuna do mundo. Mas como? A morte de Átila colocaria Teodósio aos pés de Edecon.

Empreendimento audacioso... comenta Edecon.

O passo seguinte é Priscos, o grego que foi embaixador de Teodósio junto a Átila.

Edecon entra no jogo. Se ele estiver de acordo, precisaria desde logo de uma soma, de resto módica, para comprar alguns soldados. Módica? Cinqüenta libras.

Crisáfio propõe na hora entregar-lhe imediatamente a soma. Impossível, julga Edecon. Mesmo sendo módica a soma, ele é bastante importante para escondê-la facilmente. Suspei-

---

* *La Maréchale d'Ancre*, peça teatral de Alfred de Vigny. (N.T.)

tarão de mim. Como fazer? Incluir Vigilas na embaixada que Teodósio enviará para concluir as negociações e lhe remeter o ouro. Crisáfio admira-lhe a astúcia. Entram em acordo.

Edecon pede mesmo assim para ver secretamente o imperador para confirmação. Claro, diz Crisáfio. Contudo, Teodósio não foi prevenido, é preciso primeiro convencê-lo. Crisáfio vai tratar disso, mas não se vê o imperador assim, a questão vai requerer uns dias. Edecon compreende.

O Calígrafo ainda não sabe nada do projeto de seu espadeiro, mas as exigências de Átila, que serão conhecidas a qualquer momento – a negociação deve começar na manhã seguinte –, serão tais, certamente, que ele não se conterá mais. Com raiva, aprovará seu plano, estima Crisáfio.

É Oreste quem, no dia seguinte, expõe as exigências do imperador dos hunos. Elas são em número de sete.

Anexação das terras conquistadas a oeste do Danúbio, a fronteira sendo fixada em cinco dias de caminhada de sua margem ocidental.

Anexação da Panônia Segunda e do sudeste da Panônia Primeira com Sirmium.

Naissus, cidade natal de Constantino, o Grande, se tornará cidade fronteira, e os grandes mercados danubianos do império do Oriente, dentre eles Margus, serão englobados no império huno.

Athyras e Arcadiópolis receberão guarnições permanentes de hunos.

Proibição a todos os romanos de cultivar terras e comerciar dentro das novas possessões hunas sem autorização.

Libertação imediata de todos os trânsfugas.

Compromisso de só enviar em embaixada ao imperador dos hunos romanos de alta classe.

Martial, mestre dos ofícios, que representa Teodósio com Crisáfio, "teme seriamente" que seu chefe não possa aceitar essas condições draconianas. Edecon tem certeza de que, quanto ao seu, é pegar ou largar, acrescentando:

Não estamos aqui para resolver a questão, mas para expor ao imperador de vocês as intenções do nosso. Nós lhes deixamos a incumbência de informar ao seu, mas desejamos que ele nos receba e que ele mesmo nos diga o que devemos transmitir ao nosso.[10]

Crisáfio faz o relato a Teodósio. As pretensões de Átila são exorbitantes. O imperador não terá paz com Átila vivo, ele insinua. O imperador aprova. "O que fazer?", pergunta.

"Deixe-me fazer", reponde Crisáfio.

"E o que mais?"

"Átila deve desaparecer."

Teodósio aprova. Crisáfio revela que tomou a iniciativa e detalha a missão de Vigilas. Teodósio aprova sempre.

Enviará de todo modo a Átila um embaixador muito eminente, como o huno lhe pediu, para o prestígio de seu império. Vai ser o conde Maximinoo, o mais alto diplomata do império do Oriente e ainda mais, vejam só, honesto a não mais poder. Será plenipotenciário e estará de posse do selo do império.

Teodósio convoca Maximino, informa-o de que não espera nada de bom de sua embaixada, pois Átila é intratável e só busca humilhá-lo. "Não se deixe humilhar", recomenda veementemente, sem deixá-lo suspeitar do que está sendo preparado.

Depois de Maximino, ele recebe Vigilas e confirma-lhe sua missão – liquidar Átila –, acrescentando a promessa de grandes recompensas.

Maximino pede para escolher sua escolta. Solicita então o jovem grego Priscos, que fará o diário da expedição – fonte capital de informações sobre os hunos em geral e Átila em particular –, e como secretário Vigilas, "porque ele já conhece bem os embaixadores de Átila".

Crisáfio está satisfeito. Não ousara esperar que Maximino quisesse ele mesmo, em total inocência, associar-se ao tesoureiro do crime.

A grande audiência reclamada por Oreste tem lugar naquela mesma noite. Por uma vez, Teodósio mostra-se imperial.

Imperial e insensato, pois a fim de acabar logo com aquilo e resolver para sempre sua diferença com o imperador dos hunos, propõe uma arbitragem e escolhe por árbitro o homem de confiança de Átila, Onegese em pessoa.

Essa exibição é por certo o apogeu do reinado de Teodósio. Apogeu de uma inconseqüência a tal ponto misteriosa que desafia o entendimento. Ninguém até hoje pôde fornecer explicação séria. Teodósio entregou-se a seu inimigo. O fato é tão extravagante que há quem já tenha proposto ver nele uma vontade cristã de expiação que trairia confusas aspirações a uma espécie de santidade. Ou então, extenuado, Teodósio estaria tomado pela histeria. A menos que estivesse tão seguro a respeito do assassinato de Átila que se permitiu dizer qualquer coisa, nada mais tendo importância... Nunca se saberá.

"Seu soberano pode ter certeza de que me conformarei absolutamente com a sentença de Onegese", tais teriam sido suas últimas palavras antes de uma majestosa retirada para seus aposentos.

Depois, ele recebeu em segredo Edecon – acreditando-o membro do complô – na presença de Crisáfio e de Martial, o mestre dos ofícios. "Tudo o que lhe disse e prometeu meu fiel e devotado espadeiro é desejado, ordenado, garantido por mim."

Edecon inclina-se e sai, indo contar tudo a Oreste. Oreste entrevê imediatamente uma oportunidade inimaginável: coroar Átila com uma auréola de vítima, vestir o lobo das estepes de cordeiro. A vestimenta será útil para chantagear Constantinopla.

Edecon e Oreste encontram Átila em Buda. Por menos ingênuo que seja, o imperador dos hunos fica siderado com o que eles lhe informam; a ponto de, efusão rara, apertar contra peito todos os dois, parece.

Onegese é convocado. O quarteto afina seus violinos. Esla é chamado. Parte imediatamente para Constantinopla para levar a Teodósio a resposta de Onegese à sua proposição de arbitragem. É uma recusa; Onegese está infinitamente lisonjeado, mas não pode aceitar. Desenvolverá sua posição diante do conde Maximino assim que tiver a honra de encontrá-lo.

Dois dias mais tarde, Teodósio II dá sua resposta às exigências de Átila, na presença dos chefes da embaixada prestes a partir até os hunos: Maximino, Vigilas, Priscos e seus adjuntos diretos.

A delimitação das novas fronteiras do império huno do outro lado do Danúbio não deve ser feita segundo a regra sumária dos "cinco dias de marcha" a partir do rio. Uma comissão mista se encarregará dela e levará em consideração os territórios envolvidos e os interesses dos autóctones.

As Panônias, Primeira e Segunda, ficarão com Átila, conforme ele pediu.

As planícies e os vales do Margus e o Nichava serão neutralizados. A região franca, assim constituída com seus mercados tradicionais, será controlada por uma polícia mista, composta em partes iguais de hunos e de romanos.

A propósito das guarnições hunas reclamadas por Átila diante de Constantinopla, Teodósio propõe guarnições mistas, exceção feita para Athyras, nas quais, se Átila faz questão, poderia haver apenas hunos.

Criação de uma comissão mista permanente que expediria sozinha as autorizações de cultura, de comércio e de circulação aos romanos e aos hunos estabelecidos além dos limites das fronteiras.

Finalmente, Teodósio aceita mais uma vez libertar os trânsfugas. São ao todo dezessete.

Maximino põe-se a caminho levando essa mensagem, o selo imperial e os dezessete trânsfugas para Athyras, onde o espera a guarda que deve conduzi-lo até o imperador, que ninguém entre os romanos sabe onde se encontra.

# Embaixada

Os hunos de Athyras conduzem em treze dias a embaixada a Sardes, que está em ruínas. Ela passa lá um dia e uma noite. É lá que foi pronunciada a frase que deveria definir os hunos durante séculos. Não é de Átila, sequer é de um huno. Consta no *Diário* de Priscos[11]:

> Sardes. Faz treze dias que deixamos Constantinopla. Nós nos instalamos, do jeito que foi possível, dentro das casas em ruínas para passar a noite. A cidade foi arrasada de alto a baixo pelos hunos durante sua expedição de 441. Um de nós fez durante o jantar referências ao furor destruidor desses cavaleiros: "Por onde eles passam, o mato não rebrota mais". Com essas palavras, que deveriam cobri-los de vergonha, os hunos soltaram gritos de triunfo. De fato, percebia-se que eles as tomavam como um elogio.

O comboio alcança Naissus, que só é povoada por "velhos e doentes" gemendo. Atravessam uma planície "coberta de esqueletos", cujos habitantes trazem bois e carneiros para alimentar a embaixada e sua escolta. Os hunos "destroçam a dentadas a carne sangrenta" que os romanos mandam assar. Os cursos d'água são atravessados em barcos de casca de árvore dirigidos habilmente pelos barqueiros, que evitam os remoinhos. O Danúbio é assim ultrapassado, e os hunos desaparecem.

Os romanos desconcertados erguem um acampamento na planície.

> Um chefe, de nome Scotta, que parece desfrutar de grande crédito junto a Átila, entra no nosso campo com uma numerosa escolta de notáveis, dentre os quais reconhecemos Edecon e Oreste. Com uma desenvoltura inacreditável, Scotta perguntou-nos qual era o objetivo de nossa embaixada. Dignamente, Maximino respondeu que ele devia entregar uma mensagem ao próprio Átila. [...] Scotta cai na gargalhada, diz que conhece

> perfeitamente a mensagem e, para nos provar, recita-a para nós palavra por palavra. E acrescenta: "Se não têm mais nada para nos dizer, podem ir embora".

Sufocado por essa insolência e pela traição que ela revela, Maximino mantém suficiente sangue-frio para seguir o conselho de Teodósio: ele ignora a provocação e dá ordem para a partida. Lá do alto, Scotta humaniza-se, pede-lhe que espere o dia seguinte, manda-lhe entregar um boi vivo e cestas de peixe. Maximino hesita, escuta os rogos de sua *entourage*. Vigilas é o mais veemente a aconselhar que fique, negar seria uma loucura, sustenta.

> Maximino hesitava, mas nós o pressionamos para que aceitasse aquela trégua e nos deitamos depois de jantar com grande apetite.
> Dormi muito bem, mas um sonho me aconselhou a desconfiar de Vigilas.

Por que ele se empenhou tanto em salvar a embaixada?

De manhã, Priscos discute com um gaulês chamado Rustique, que veio indagar sobre as relações comerciais que ele poderia estabelecer com os hunos. (Na verdade, esse Rustique era agente de Átila.) Ele não faz parte da embaixada, mas Maximino o autorizou a segui-la. Ele fala huno correntemente e conversou com Scotta diversas vezes. "Se você deseja ser recebido por Átila, a receita é simples", garante. "Venha comigo até Scotta com alguns presentes de amizade e peça-lhe que interceda junto a Átila para que ele receba sua embaixada sem fazê-la esperar mais."

Priscos vai ver Scotta, que se tornou muito amável. Ele fará o melhor que puder. Priscos ainda não terminara de informar Maximino sobre sua diligência quando Scotta chegou a galope: Átila quer vê-los imediatamente.

Os romanos, reunidos às pressas, atravessam o acampamento de Scotta até uma vasta tenda cercada "de tantos soldados que nós tivemos grande dificuldade para chegar à entrada".

Átila, vestido de branco e barbeado à romana, está sentado sobre um tamborete de madeira cercado de dignitários vestidos "com tecidos delicados e coloridos", escreve Priscos, "roubados provavelmente dos chineses e dos persas, bordados de pássaros e flores, da mais bela confecção".

Para Priscos, aquelas belas sedas são sem nenhuma dúvida roubadas, o que mostra em qual estima ele tem os hunos em geral.

Maximino entrega a Átila a mensagem de Teodósio, ao mesmo tempo em que lhe transmite seus votos de boa saúde.

"Que aconteça aos romanos todo o bem que eles me desejam!", replica Átila. Depois ele designa Vigilas e o apostrofa assim: "Bruto impudente, como ousa se apresentar diante de mim? Você não sabe que nenhum embaixador pode ser recebido enquanto meus desertores não tiverem sido libertados?".

Vigilas protesta: os desertores estão aqui, são dezessete. Os dezessete da lista do imperador.

Átila manda que sua própria lista seja lida; ela compreende trezentos nomes.

Maximino quer falar, Átila manda-o calar e volta a Vigilas. Mandaria crucificá-lo, diz, não fosse sua impunidade diplomática, e ordena que parta imediatamente para Constantinopla sob forte escolta e a vigilância de Esla para trazer os trânsfugas que faltam.

Maximino quer falar. Átila de novo o faz calar-se. Então, Maximino vira-lhe as costas e dirige-se para o umbral da tenda, fazendo sinal a seus companheiros para segui-lo. Átila se levanta e fala. A questão dos trânsfugas é uma questão de princípio. Ele não pode admitir que hunos estejam a soldo de uma potência estrangeira. Vigilas estava encarregado de resolver esse aspecto dos acordos feitos entre ele mesmo e o imperador do Oriente. Ele está dando-lhe a oportunidade de reparar seu erro. Maximino não tem como não achar justo. Átila lhe pede finalmente que fique perto dele com sua embaixada e que o acompanhe à sua capital, para onde estará indo dentro em breve. É lá que vai lhe entregar sua resposta a Teodósio, pois ele precisa recolher as opiniões necessárias.

Maximino autoriza Vigilas a partir com Esla, manda entregar ao imperador dos hunos os presentes que lhe são destinados e se retira para a tenda atapetada com ricas peles que lhe foi reservada.

A partida para a capital de Átila acontece alguns dias mais tarde. Alguns dias ainda, e Scotta informa Maximino de que ele deverá prosseguir sozinho seu caminho, pois Átila deve fazer escala para se casar com a filha do rei scythe Eskam, que é um de seus conselheiros, e nenhum estrangeiro pode assistir à cerimônia.

Priscos no seu diário zomba desse casamento, pois Átila, escreve ele, já se casou mais de duzentas vezes.

Os romanos avançam penosamente em um país plano, pantanoso e deserto. Um furacão joga as tendas dentro de um rio. Finalmente chegam a um vilarejo. São muito bem-acolhidos por uma das viúvas de Bleda, a qual lhes oferece "víveres e mulheres para a volúpia. "Nós pegamos os víveres e largamos as mulheres, porque estamos mortos de cansaço e caindo de sono." Maximino oferece à rainha como agradecimento "três taças de prata, peles tingidas de púrpura, pimenta da Índia, damascos, todas essas coisas que os bárbaros apreciam, uma vez que elas lhes são desconhecidas", não teme concluir Priscos, que subestima regularmente os conhecimentos dos hunos.

Eles tornam a partir, encontram uma caravana na qual se fala latim, um latim excelente "sem o sotaque bárbaro que as pessoas daqui nunca perdem por mais longa que tenha sido sua estadia em Roma...".

A caravana é uma embaixada do imperador do Ocidente enviada a Átila para limitar as conseqüências de um incidente grave. Quem a conduz é o conde Rômulo, um dos mais importantes nobres de Roma e, além disso, sogro de Oreste, do qual é adjunto o nobre Tatullo, que é o pai de Oreste. Ah, como o mundo é pequeno!

As duas missões fazem o caminho juntas e chegam à capital do império dos hunos. Palácios, casas de madeira, tendas, carroças e as termas de pedra de Onegese que Priscos, bastante impressionado, vai descrever em detalhes.

Não se sabe onde se erguia essa aglomeração que era provavelmente o *Etzelburg* – que quer dizer Forte-Átila – da lenda dos Nibelungen. Era em algum lugar a leste do Tisza* na grande *Puszta*. Não foram encontrados traços de seu elemento mais durável, as termas de Onegese, apesar das numerosas escavações.

Os romanos são instalados ao lado do palácio de Onegese. Maximino lhe expõe sem tardar o desejo de seu imperador: que aceite ser o árbitro entre os hunos e os romanos. Onegese protesta. É impossível. Ele não é mais grego, ele é completamente huno agora, como sua mulher e seus filhos. Jamais agirá contra o soberano que lhe deu sua confiança. Ademais, Esla está a caminho de Constantinopla com sua resposta ao imperador Teodósio.

Esse relato, tirado do diário de Priscos, dá a entender que Onegese acreditou que estavam pedindo-lhe para trair ou pelo menos esquecer os interesses de Átila com esse procedimento de arbitragem. Maximino foi ver Onegese sem Priscos, e este pôde fornecer somente um relato truncado.

Ele ainda escreve, confirmando sua imprecisão: "Essas palavras nos decepcionaram um pouco, pois tínhamos esperado ganhar o grego para nossa causa". O que jamais fora cogitado, sendo a causa perdida antecipadamente. Priscos não é um político.

Recém-casado mais uma vez – a conta exata é impossível na ausência de arquivos cotidianos –, Átila volta para sua capital. Moças vestidas de branco carregam um dossel sob o qual outras moças passam de sete em sete – cifra que dá sorte –, cantando cânticos de boas-vindas. Elas precedem os esposos, enquanto a população os aclama ao longo do caminho. A noiva é jovem e bonita. As moças vão conduzi-la à sua residência, enquanto Átila dirige-se ao seu palácio.

O caminho passa diante do palácio de Onegese. Ele está ausente, sua mulher está no umbral e inclina-se diante

---

* Rio que nasce na Ucrânia e atravessa a Hungria, antes de se juntar ao Danúbio. (N.T.)

do imperador, que pára sua montaria. Ela lhe roga que se digne a aceitar uma refeição. Ele consente, permanecendo a cavalo. Dois guerreiros içam à sua altura uma mesa de prata carregada de vitualhas e taças cheias. Átila come, Átila bebe, Átila agradece e parte. Músicos chegam e tomam a frente do cortejo. Átila entra em seu palácio, declara-se cansado e pede para não ser perturbado.

Os romanos das duas embaixadas, que nada perderam dessa recepção nova para eles, voltam às suas residências. Lá encontram um convite da rainha Onegese para jantar em sua casa naquela mesma noite. Eles aí encontrarão "todas as grandes personagens do país".

Dois dias mais tarde, é Átila quem os convida à casa dele.

> A mesa estava posta em uma longa sala de vigas esculpidas. Em cima de um estrado, Átila estava sentado em um banco coberto de peles e tapetes multicoloridos. Os hunos já estavam à mesa quando chegamos. Na entrada, entregaram-nos uma taça de vinho que devíamos beber saudando o imperador [...]. Tomamos os nossos lugares na mesa real. Maximino objetou que um simples chefe huno, Berik, estivesse sentado mais acima do que ele, mas ninguém levou em conta sua observação. Em compensação, antes da refeição, Átila saudou cada convidado notável seguindo a ordem das precedências e bebeu à sua saúde uma taça; o hóspede honrado respondia bebendo por sua vez. Foram servidas enormes travessas de carnes e de caças. A baixela era de prata e ouro, mas sobre a mesa de Átila havia apenas uma bandeja de madeira cheia de carne e uma taça de madeira cheia de vinho. Cada conviva se serviu à vontade do prato que tinha diante de si, pois o costume proibia tocar nas iguarias afastadas dele. Por causa disso, não pude experimentar comidas curiosas que haviam despertado meus desejos [...]. Terminada a refeição, dois aedos vieram cantar os feitos dos hunos de antigamente e as vitórias de Átila.
>
> Sozinho, Átila permanecia grave e não falava. Seu filho mais velho, Ellak, estava sentado ao lado dele numa atitude respeitosa e, por deferência a ele, não ousou levantar os olhos durante

toda a recepção [...]. Depois que os aedos partiram, um velho guerreiro trouxe nos braços um bebê; era Ernak, o filho mais jovem de Átila, que foi acolhido com clamores de alegria e que cada conviva acariciou. Depois, um guerreiro o colocou sobre o estrado de seu pai. Então eu vi um sorriso iluminar aquele rosto duro e frio. Átila deu tapinhas na bochecha da criança e o apertou no peito. Como eu me espantava, meu vizinho de mesa me disse que, segundo as predições, aquela criança perpetuaria sozinha a estirpe real. Compreendi então a ternura e a orgulhosa afeição do pai. Em seguida, surgiram bufões [...] e a alegria transformou-se em delírio quando o mouro Zercon veio fazer seu número [...]. Eu me aproveitei do tumulto para sair, pois tinha bebido demais.

Houve todos os dias um festim parecido, na maioria das vezes no palácio de Kerka, sem que fosse abordada a questão do Oriente. Uma noite, finalmente, Átila anuncia a Maximino que ele quer lhe falar. Mas é apenas para lembrar de uma omissão de Teodósio. Ele havia prometido um rico casamento a Constant, notável panoniano enviado por Aécio para lhe servir de secretário, e não manteve a palavra. Ele manterá certamente, só pode responder Maximino, embora desconcertado. Átila prossegue: nenhuma resposta será dada ao imperador do Oriente antes do retorno de Vigilas e dos desertores que ele está comboiando. Ele autoriza a embaixada a retornar a Constantinopla. Maximino protesta diplomaticamente: ele não veio aqui para ser despachado de volta sem ter abordado o essencial. Nada feito, logo no dia seguinte de manhã, Átila manda entregar os presentes de despedida aos membros da delegação. Seu ministro Berik os acompanhará até Constantinopla, embora Vigilas ainda não tenha retornado. Berik será portador de sua resposta pessoal ao imperador do Oriente, que ele é o único a saber. A afronta a Maximino não poderia ter sido mais flagrante.

Temos saudade dos festins de Átila. Carne assada e leite de jumenta compõem nossa dieta normal. A estrada é longa e a viagem monótona. A estrada está ladeada de crucificados, de enforcados e de empalados. Um infeliz amarrado em um poste é degolado diante de nós. Berik nos diz que são traidores, espiões, desertores. A segurança de Átila exige esses castigos. Na fronteira, encontramos Vigilas, que está voltando para junto de Átila. Ele recebeu uma missão muito importante, nos diz, com sorrisos cheios de subentendidos.

# Fracasso do complô

Em Constantinopla, Crisáfio perguntou-lhe por que Átila ainda não tinha sido assassinado. Vigilas respondeu que era preciso subornar mais guardas do que o previsto. Não eram mais cinqüenta, mas cem libras de ouro que ele precisava. Cinqüenta a mais, pouca coisa... O grande eunuco ficou convencido: Átila por cem libras, valia a pena.

As cinqüenta libras suplementares são contadas no mesmo momento. Acrescentam-se sete desertores ao contingente já reunido, por generosidade. Crisáfio reafirma a Vigilas que sua fortuna está garantida. Este último, assim encorajado, sente-se tão seguro que leva junto o filho Prophymo, de vinte anos, para lhe mostrar como as pessoas se desfazem de um imperador incômodo.

Mal tinham chegado à capital dos hunos, quando Esla, o mentor deles, designou para Prophymo uma residência à parte – uma pequena tenda cercada de guardas. Depois, mandou desarmar a escolta de seu pai e conduzi-la para um recinto cercado de guerreiros. Vigilas, algemado imediatamente, foi jogado dentro de um subterrâneo.

No dia seguinte, foi levado para a frente de Átila ladeado por Edecon, Oreste e outros oficiais. Prophymo também estava lá, sentado em um banco entre dois guardas.

Átila perguntou a Vigilas por que ele se deixara atirar na prisão sem pedir para lhe falar, sabendo que devia lhe contar da viagem. Ele respondeu que não conseguiu, que não o deixaram falar.

Por que trazia tanto ouro consigo?, perguntou Átila. Tanto ouro? Cinqüenta libras, não é Golconde, responde Vigilas sem fraquejar. "Eu devia entregá-las ao senhor", acrescenta.

Da parte de quem, em honra a quem? Da parte de Crisáfio para o resgate dos evadidos. E as outras? As outras cinqüenta? Destinavam-se a comprar cavalos. Átila proibira aos membros das missões romanas comprar o que quer que fosse dentro do seu império. É exatamente por isso que a soma estava intacta.

Então Átila lhe perguntou se ele não tinha pretendido, em vez de cavalos, comprar cúmplices.

É tudo mentira, defende-se Vigilas, calúnias de Edecon, que quis suborná-lo.

"Você é mesmo bem rico para que o subornem", zomba Átila. "Quem pediu a você para mandar Edecon me matar?"

"Ninguém!"

"Não quer nos dizer? Pior para você. Seu filho vai nos dizer."

"Eu não sei de nada", diz Prophymo.

Ignorando tal negativa, Átila o interroga.

"Não sei de nada", responde o pobre Prophymo.

"Bem", diz Átila. "Ele não sabe de nada e não serve para nada. Então que morra."

"Ele não sabe de nada!", berra Vigilas "eu não sou cúmplice de ninguém! Eu imaginei tudo sozinho!"

"Você é bem idiota", diz Átila.

Prophymo foi jogado de joelhos, uma espada foi brandida sobre sua cabeça.

"Pela última vez", pergunta Átila sem raiva, "quem inspirou você?"

"Crisáfio!", grita Vigilas, e desmaia.

"Eu sabia disso há muito tempo", diz Átila.

No entanto, pode-se acreditar no que aconteceu a seguir?

Quando Vigilas recuperou os sentidos na sua masmorra, Esla estava diante dele. Perguntou-lhe o que fariam com ele.

"Nada", teria dito Esla.

"E o meu filho?"

"Ele parte amanhã para Constantinopla com Oreste", respondeu Esla.

Teria ainda anunciado a Vigilas sua transferência para a tenda liberada por seu filho e sua libertação, contra pagamento por Teodósio de um resgate simbólico. Vigilas não acreditou.

Teria dito: "Teodósio não pagará." Esla teria respondido: "Vai ser de tal maneira simbólico que ele pagará."

Constantinopla. Anunciam a Crisáfio a chegada de uma delegação huna. Cheio de esperança, vai ao encontro dela. A embaixada é dirigida por Oreste. O filho de Vigilas o acompanha. Ignorando o grande eunuco, Oreste prossegue seu caminho até o palácio imperial onde Teodósio, febril, aguarda a boa notícia. Oreste lhe estende a mensagem de Átila. A irritação o faz ler em voz alta estas palavras indesculpáveis:

"Seu espadeiro é um assassino, trate de me mandar a cabeça dele, senão eu vou em pessoa decapitá-lo."

Crisáfio desfalece. O imperador se recompõe:

"Você terá minha resposta amanhã."

"Dentro de uma hora", diz Oreste.

Ele reaparece uma hora mais tarde. Teodósio lhe estende um tratado que retoma escrupulosamente as condições de Átila. Oreste sequer dá uma olhada; enfia-o dentro da sua manga e diz:

"Eu não vim aqui buscar um tratado, e sim a cabeça do seu eunuco."

Teodósio exclama que é impossível e propõe uma mistura de todos os tipos de compensações: províncias, mulheres, um palácio para Átila em Constantinopla... Oreste não quer saber de nada disso, só da cabeça do grande eunuco.

"Volte amanhã", propõe o imperador.

"Dou a você uma hora."

Crisáfio se apresenta e implora desesperadamente: se o matarem, haverá uma revolução. O imperador responde que sabe disso e que não o matará.

"Fico com Crisáfio", anuncia a Oreste, de volta uma hora depois.

"Como você quiser", responde Oreste.

Depois, por ordem de Átila, ele remete a Teodósio o saco que contém o ouro de Vigilas. O imperador pergunta o que farão com Vigilas. Oreste responde que vão devolvê-lo quando o resgate tiver sido pago. Qual resgate? Uma libra de ouro, Vigilas não vale mais do que isso. Teodósio providencia. Oreste se vai.

Vigilas é reconduzido a Constantinopla. Traz uma mensagem de Átila, cópia da que Oreste já lhe havia entregado: "Seu espadeiro é um assassino. Trate de me mandar a cabeça dele, senão...".

Mas quando Oreste se apresenta diante dele, Átila teria lhe dito:

"Faço votos de que aquele imbecil não tenha matado o eunuco dele."

"Por quê?"

"Temos aí um bom motivo para retomar a guerra quando julgarmos o momento chegado."

# A humilhação de Constantinopla

A diplomacia de Átila é antes de tudo intuitiva e pessoal. Sempre em consonância com os interlocutores, com tanta precisão que parece prever seus pensamentos e movimentos do coração, bem antes de poder lê-los neles mesmos. Avalia os que estão na sua frente com uma sagacidade espantosa e uma agilidade diabólica. Leva os fracos para onde quer, os menos fracos para onde pode, mas está sempre levando vantagem. É um jogador incomparável no jogo de gato e rato. Ele se mostrará um mestre desse jogo em face do império do Oriente, desorientando seu governo. Teodósio já perdeu a cabeça quando propôs submeter-se à arbitragem de Onegese – como se os poloneses tivessem pedido a arbitragem de Hitler sobre Dantzig em 1938 –, e não a encontrará.

Salvo o respeito que inspirou, a sedução que ele exerceu sobre tantos chefes do Cáucaso, do Volga ou do Don (tão bravos e orgulhosos, por mais ciosos de liberdade que possam ter sido, os quais ele subjugou logo de início) não é a prova mais flagrante dessa espécie de gênio. Ele os subjugará ou fascinará sempre, por terem laços de parentesco e por nele reconhecerem as ambições que os mais ousados dentre eles contentaram-se em embalar, enfim, por ele ser o mais forte. No entanto, sem suas coligações, Átila não teria conseguido ultrapassar sua estepe natal.

Com a submissão sempre frágil desses nômades inquietos que ele compreendeu como ninguém – fragilidade estimulante para um temperamento como o seu –, ganhou a força estratégica que lhe permitiu atribuir-se, sem parecer ridículo, o título de imperador, que o colocou no mesmo plano que os donos nominais do Oriente e do Ocidente europeus.

Na sua carreira fulgurante – a epopéia de Átila durou doze anos, de 441 a 453 –, a guerra ocupou muito menos espaço do que a discussão, a negociação, os acomodamentos. Ele tinha decerto consciência de sua própria fragilidade, que era antes de mais nada demográfica: os hunos, como vimos, não eram coelhos. O arqueiro da estepe, infalível no galope, não fazia filhos suficientes para que, depois dele, a salvação do império fosse garantida. Além disso, Átila poupou bem mais seus homens do que, mais próximo de nós, Napoleão ou então o estado-maior francês da Grande Guerra. O Flagelo de Deus jamais lutou gratuitamente.

Seguro por trás de suas retaguardas – os chineses não avançariam logo até o Ural –, Átila cedeu ao tropismo ocidental das grandes invasões. O Império Romano – bicéfalo desde a morte de Teodósio, o Antigo, em 376, vinte anos antes de seu nascimento – era seu objetivo permanente.

Bicéfalo, qual cabeça cortar em primeiro lugar? A mais próxima, a oriental, que poderia ser a mais ameaçadora se um imperador digno desse nome se revelasse um dia. Antes de ir mais longe em direção ao oeste, ele deixou o Oriente à sua mercê.

Sem dúvida, Teodósio II, o Calígrafo, era um adversário de sonho. Indeciso, impressionável, influenciável, covarde como ninguém, no fundo detestando reinar; manobrado ora por sua mulher Athenais, ora por sua irmã mais velha Pulchéria, ora por seu eunuco; fugindo de seus deveres através da caça, da teologia, dos comentários jurídicos e da caligrafia, de onde ele obtinha uma boa consciência, que era sua única firmeza.

Mesmo assim, ainda era chefe de uma potência cujo prestígio, sob um outro que não ele, teria sido muito mais do que uma máscara. Mas Átila, sem combate, fez dele seu tributário. Compreendeu que Teodósio pagaria qualquer coisa para ter a paz. A ocupação do império do Oriente não teria sentido, sua conquista já estava feita em 449. A intimidação diplomática bastou para isso. Os exércitos de Átila ficaram intactos, e seus tesouros foram fabulosos.

Contra o império do Oriente, Átila usou a insolência – sua ironia deixava petrificados os embaixadores expostos a ela –, a cólera ou a indiferença de um ator consumado. E um perfeito conhecedor de homens. O círculo que recrutou, com uma constante eficácia, dedicou-lhe uma fidelidade sem limites. Seus fiéis imitavam a jovialidade e a desenvoltura que desconcertavam seus adversários. Como se ele os impregnasse, ou como se a jovialidade zombeteira fosse constitutiva do temperamento huno.

A maneira como Berik acompanhou até Constantinopla a embaixada de Maximino é a esse respeito exemplar. Maximino é instado a informar a Teodósio que ele foi dispensado, que lhe deram a entender que sua embaixada é vã. Tinha vindo discutir? Não havia nada para ser discutido.

Enviado extraordinário de um imperador débil, o que ele já imaginava por mais leal que fosse, ignorava que aquele homem fraco o fosse tanto, a ponto de ter aprovado sem murmurar o projeto de assassinato do alter ego – na ordem dos impérios e do protocolo imperial em vigor no século V – em direção ao qual ele o enviava para uma negociação simulada. Nada havia para negociar, apenas ratificar a submissão de um soberano incapaz.

Maximino suspeitava, sem maiores certezas. Ele ignorava por completo o projeto de assassinato, caso contrário não teria partido.

Átila, mandando-o de volta cercado de gentilezas, o fez continuar ignorando, fato extraordinário.

Parta, isso bastará, não vai demorar até ser informado –, ele deu a entender, caridoso; a virtude, para o imperador dos hunos, merece deferências. E ele confia aquele homem honesto – nesse caso, um cumprimento – a seu lugar-tenente Berik, o mais huno de seus lugares-tenentes. Em outras palavras, na aparência o mais violento e versátil, no fundo o mais seguro.

Berik é antes de tudo grosseiro, quase odioso com seus protegidos. Provoca sem cessar incidentes que é preciso resolver na hora, sob pena de rancores que retardam a marcha. Em resumo, ele trata como cachorros os embaixadores do império do Oriente. Depois, antes que o copo esteja todo cheio, amansa, exige dos notáveis locais com quem se encontram recepções à altura da dignidade das vítimas. Entradas solenes nos menores acampamentos, sob ordem de Átila. Discursos, libações e festins consomem um tempo louco.

Maximino fica agradavelmente surpreso com essa mudança de tom. Mas não se poderiam abreviar essas cerimônias?, pergunta. Meu imperador, que não é mais muito jovem e cuja saúde é precária, está à minha espera.

Impossível, replica Berik. O representante do imperador do Oriente, portador do selo imperial, deve ser tratado de acordo com sua posição. O tempo vai passando. A satisfação de Maximino e dos seus chega ao fim. Pouco a pouco, eles se persuadem de que Berik zomba deles, que tudo aquilo é uma mascarada. Berik se defende: Maximino não teria como escapar. Os delegados de Teodósio não teriam como ceder à precipitação... Maximino reconhece, mas, ainda assim, seu imperador aguarda.

Então Berik cai doente, vê-se obrigado a estender as paradas para recuperar um pouco suas forças. Bem depressa não consegue mais montar a cavalo. Crises de sufocamento o derrubam e fazem temer o pior. Diante de Athyras, acha que está morrendo e não quer adiar por mais tempo a entrega da mensagem de Átila ao imperador do Oriente, da qual ele deve se encarregar em pessoa.

Berik medita, depois decide entregar ao conde Maximino a mensagem em questão, solicitando-lhe que apresente suas desculpas. Maximino nem espera que ele fale duas vezes. Recolhe a mensagem e parte, não sem antes prometer ao doente lhe mandar seu próprio médico.

Mal os romanos desaparecem de vista, Berik pula sobre seu cavalo e sai em disparada no sentido inverso.

Quando Maximino chega, Teodósio está doente. Ele dispensou a mulher, a imperatriz Athenais, decididamente insuportável (ela foi se instalar em Jerusalém sob o nome de Eudóxia e passou a se ocupar somente de poesia e teologia). Para substituí-la provisoriamente, mandou chamar sua irmã mais velha, Pulchéria, que havia sido exilada por Athenais. Maximino lhe entrega, pois, o documento selado de Átila. Pulchéria o abre. A folha está virgem.

Os olhos de Maximino se abrem. Tudo se esclarece. A velhacaria de Crisáfio, a duplicidade lamentável de seu imperador, a idiotice de Vigilas, sua própria ingenuidade e, sobretudo, a inacreditável clemência de Átila, obra-prima de ambigüidade: insultante para o império, generosa com seus homens. O imperador dos hunos mandou de volta para casa com presentes todos os que um outro teria mandado crucificar, inclusive os embaixadores inocentes daquele que tinha aprovado seu assassinato.

Detestado por Pulchéria, Crisáfio esconde-se no seu palácio. Maximino, sempre irreprochável, combina muito depressa o casamento do secretário Constant, prometido por Aécio a Átila. Convida Constant a Constantinopla e o faz se casar com uma viúva riquíssima chamada Saturnia, pois a noiva que Teodósio lhe havia prometido se casara no entretempo. Depois apressa a execução do tratado.

Como Átila pedira que os embaixadores permanentes do império do Oriente na sua corte fossem personagens da maior importância, ele mandou nomear para os postos dois patrícios imperiais, Anatole e Nomus – a dignidade de patrício imperial é a mais alta do império. Até então, só o xá da Pérsia tivera essa honra. Átila é doravante equivalente a um soberano rival secular de Roma, que jamais tivera que diminuir seu império. As legiões que haviam se arriscado do lado do Crescente fértil só tinham conservado lembranças amargas.

Anatole e Nomus chegam ao Danúbio como portadores do tributo e de suntuosos presentes. Diante dessa exatidão e dessa boa vontade, Átila mais uma vez demonstra a "clemência de Augusto". Renuncia até à entrega de trânsfugas suplementares e devolve prisioneiros romanos, acrescentando, contudo, não poder acreditar "na vontade de paz de Teodósio enquanto não tiver recebido a cabeça de seu eunuco".

Jamais a receberá. Mas pelo menos o império do Oriente não lhe causou mais preocupação.

# Roma

Roma, agora. Ele recebera, juntas, as duas embaixadas, do Oriente e do Ocidente, que tinham se encontrado na fronteira de seu império animadas pela mesma preocupação de resolver com ele seus contenciosos respectivos.

Com Roma, o contencioso era mais leve. Havia o caso dos vasos de Sirmium, que já durava sete anos. Rômulo devia relatá-lo assim a Priscos:

Durante o cerco de sua cidade em 443, o bispo, prevendo o pior, entrara em contato com um sitiante eminente, um gaulês de nome Constantino, secretário de Átila, e havia lhe confiado o tesouro de sua igreja como garantia de seu resgate, caso fosse preso. Se fosse preso, Constantino venderia o tesouro para resgatá-lo; se morresse, Constantino venderia da mesma maneira para resgatar outros cativos.

O bispo foi morto durante a tomada da cidade. Constantino tratou de vender o tesouro ao usurário Silvano, mas não resgatou ninguém. Embriagado por aquela fortuna súbita, saiu gastando sem parar. Átila foi informado. Constantino foi interrogado. Confessou. Foi crucificado. Depois, Átila pediu a Valentiniano III que lhe entregasse o tesouro roubado como parte do butim, ou, na falta dele, a entrega de Silvano.

Responderam-lhe que Silvano havia comprado o lote de boa-fé e que não iam incomodá-lo. A chancelaria de Ravena acreditou ser necessário acrescentar que o tesouro de Sirmium, composto de objetos sacros, só poderia servir para fins religiosos. Por conta disso, o tesouro estava naquele momento com o bispo italiano que o havia comprado de Silvano – também ele de boa-fé. Tinha encontrado sua destinação. Não se podia tocar nele.

Ademais, objetos como aqueles não podiam ir parar nas mãos de um laico.

Átila pergunta se estão brincando com ele. Têm certeza de que o laico romano nunca surrupiou bens da Igreja? Respondem-lhe que vão lhe remeter o valor dos vasos em ouro. Mas ele não quer saber de ouro, ele quer "os vasos ou o celerado", caso contrário é a guerra.

Como em todas as vezes nas quais Átila está em jogo, Aécio é consultado. Capricho? Ou manobra? Capricho e manobra, responde Aécio.

Mas pouco importa, é preciso responder. É preciso acalmá-lo.

Átila quer receber duas embaixadas do Império Romano, representando suas duas partes, o Oriente e o Ocidente, para a maior glória do seu? Não seja por isso, obtemperemos. O Oriente está a caminho com Maximino, não há tempo a perder... A pressa dos dois impérios para satisfazer o huno trai bastante a fraqueza de ambos.

Forma-se às pressas uma embaixada tão gloriosa quanto a de Teodósio, com o pai e o sogro de Oreste, dentre os braços direitos de Átila aquele de quem ele talvez seja mais próximo, além de presentes suntuosos.

As duas embaixadas, como vimos, se juntam no caminho, chegam até o imperador dos hunos, fazem seu trabalho como vimos, cada uma de sua vez. Sabe-se o que aconteceu com a do Oriente; a de Roma, apesar de sua pompa e magnificência, não chegou a seduzi-lo. Ficou lisonjeado, mas não o suficiente. O afastamento ordenado por Aécio do secretário Constant é aparentemente seu único motivo de satisfação. Ele é absolutamente amável, recebe todo mundo suntuosamente, convida os visitantes para percorrer à vontade seus Estados, mas os presentes não o dobram – ele também deu presentes do mesmo valor –, pois ele quer "os vasos do celerado".

Rômulo decide voltar a Ravena. As questões se resolverão mais tarde entre Átila e Aécio, diz a si, por intermédio do secretário Constant, como freqüentemente foi o caso. Ao apresentar as despedidas, ele pergunta o que deve dizer a Valentiniano, da parte de Átila. "Que eu irei vê-lo", diz Átila.

Por um momento, Rômulo fica desconcertado. Vê-lo como? À frente de cem mil homens? Mas ele se contém e se acalma: somos amigos – todos estes presentes, todas estas festas, todas estas amabilidades... É o prestígio que está em jogo. Átila quer ser recebido pelo imperador em Ravena, de igual para igual, persuade-se Rômulo. O apetite de reconhecimento do imperador dos hunos não tem limites. Outros apetites coexistem nele, os quais também não têm nome.

O ano de 449, que selou a humilhação do império do Oriente e precipitou a desmoralização do império do Ocidente, vai terminar para Átila em meio às maiores dores. Kerka, a esposa preferida, morre em novembro após vários meses de sofrimento. Átila desesperado manda queimar o palácio onde ela recebia com tanto fausto e gentileza todos os personagens importantes da Europa. Em dezembro, a rainha segunda, a filha de Eskam, morre por sua vez depois de dar à luz um filho chamado Ernak. Em algumas semanas, o Flagelo de Deus perdeu as duas mulheres que ele mais amara.

Esses dramas privados são a oportunidade do desvelamento público de uma reviravolta de aliança cujas conseqüências serão incalculáveis para a evolução da Europa. A amizade da qual dependia há cerca de trinta anos o equilíbrio da Europa se desfaz: Aécio e Átila, por tanto tempo cúmplices, vão doravante se enfrentar.

# Ruptura

A morte de Kerka desencadeou um afluxo impressionante de testemunhos de simpatia. A de Eska os fez redobrar. Átila responde a todos, menos ao de Aécio, que se manifestou nas duas ocasiões. Do que o acusava para não reagir a atenções que deveriam tê-lo tocado mais do que outras, para que, após quarenta anos de uma amizade, o gosto comum pelo poder e seu exercício num mesmo teatro não o tivessem tocado? Qual era o cálculo de Átila? Que sinal estava querendo enviar?

Foi Constant que, estupefato, descobriu o sentido ou pelo menos a razão: Átila enviou emissários à Gália. Especificamente ao território dos bagaudas. (Os bagaudas, gauleses descontentes com Roma, subtraíram da autoridade romana vastas porções do território gaulês onde eles viviam livres dos funcionários romanos e dos impostos do império.)

A Gália romana no século V não é mais do que um mito glorioso. De fato, ela se encontra dividida entre bárbaros tolerados, bárbaros aliados, bárbaros hostis, bárbaros ignorados, gauleses dissidentes e escravos "romanos", cuja soma agora só corresponde a uma magra parte da pérola do império. O esfacelamento é geral. Os próprios bagaudas estão divididos: eles administram ou devastam as regiões que ocupam segundo o temperamento dos que eles reconhecem como seus chefes.

Átila não se aproximaria dos bagaudas se não tivesse alguma coisa em mente contra Roma – em outras palavras, contra Aécio... deduz Constant, que não dorme mais enquanto Átila não envia até ele uma missão secreta.

Portanto, os elos não foram rompidos entre os dois homens, deduz Constant, aliviado. Átila quer precisar a situação entre ele e o amigo: suas ambições, que até então foram complementares, tendem doravante a divergir.

Átila estima que chegou a hora de evocar o destino do império do Ocidente. O império do Oriente está fora do jogo. O temor a Átila o mantém em bom comportamento e o faz pagar pontualmente seu tributo. Contudo, o Ocidente está em suspenso; Átila está pronto e alerta, mas quer conhecer as intenções do amigo. O que ele quer?

O que quer Aécio? O Oriente, depois de Teodósio? Partilhar o Ocidente com o amigo?

Átila, no caso, se contentaria com as Gálias e entregaria suas conquistas orientais – Panônia Segunda, Trácia e Tessália.

Ou será que Aécio gostaria de dividir todo o conjunto? Ou preferiria governá-lo a dois?

Átila gostaria de discutir tudo com ele.

Constant parte com essas instruções, volta com suas respostas. Aécio não quer mudar nada.

Cada um deles, julga, está suficientemente ocupado dentro da sua esfera de influência para não se lançar em novas aventuras. Além disso, se Átila é imperador, ele mesmo é apenas um patrício. Qualquer modificação seria prematura.

Prematura! Átila sabe o que Aécio está esperando: o casamento de seu filho querido com a filha do imperador, o qual faria desse filho querido o herdeiro do império e de seu amado pai o imperador de fato, ou pelo menos de título.

Pode-se dizer que Átila caiu das alturas. A rejeição pelo seu amigo de suas propostas magníficas, em favor de uma aliança imperial bastante incerta, considerando o ódio de Valentiniano III pelo indispensável e portanto insuportável Aécio, revela entre eles uma divergência incontornável. Aécio esquiva-se diante dos primeiros papéis, chegando a confiar em Valentiniano, que é a velhacaria em forma de homem. Ele está muito distante dos sonhos que os dois tiveram na juventude.

O esfriamento do imperador dos hunos em relação ao amigo de sempre será definitivo. Essas aberturas a Aécio, cujo fracasso anuncia uma ruptura de conseqüências imensas, confirmam aquilo de que poderiam duvidar os observadores da época: Roma é o objetivo supremo de Átila.

As conquistas orientais, os Bálcãs, a Macedônia, a Grécia são apenas moeda de troca. O tropismo ocidental é irresistível nesse asiático genial, como em todos os seus predecessores do Leste. A atração da Europa temperada apaga o resto do mundo.

# Desregramentos

É nesse momento de sua vida – ele está com 55 anos – que surgem na conduta do imperador dos hunos sinais de desregramento. O mestre-cantor dentro dele se exalta e o farsista imperial sai dos trilhos. Pode-se dizer que acessos de *hubris** o fazem perder a cabeça. O diplomata sem igual cai então em bufonarias indignas dele.

Dois desses acessos vão marcar o ano de 450.

No dia 14 de julho, às onze horas da manhã e a dois mil quilômetros de distância, dois mensageiros do imperador dos hunos apresentaram-se nos palácios de Teodósio e Valentiniano, portadores da mesma mensagem: "Átila, meu senhor e seu, ordena que você lhe prepare um palácio, pois ele vai chegar".

No dia seguinte, Constant foi recebido por Aécio. Informa-o, por ordem de Átila, desses dois envios e não lhe esconde sua perplexidade: o que estaria por trás da cabeça do imperador dos hunos? Aécio não acha nada para dizer: conhece o gosto dele por esse tipo de farsa.

Duas semanas mais tarde, no dia 28 de julho, Teodósio caiu do cavalo, bateu com a cabeça e morreu em seguida. O corpo ficou exposto na grande sala de audiência de seu palácio. Crisáfio saiu de casa para se recolher diante do cadáver com uma escolta bastante fraca. Foi reconhecido no caminho, o povo o vaiou, a escolta entrou em pânico e desapareceu. Ele foi apedrejado ali mesmo.

O testamento de Teodósio confiava o império à sua irmã Pulchéria. Logo depois, ela se casou com o mais próximo de seus amigos, o general Marciano Flávio, que se tornou o imperador Marciano. A escolha não era ruim, Marciano era um

* Segundo os gregos, *hubris* era a mania de grandeza que se apoderava de seus heróis, o delírio descomunal que acompanhava a glória, a ambição de ultrapassar os limites da condição humana e alcançar a dos deuses. (N.T.)

ilírio enérgico e probo, guerreiro reputado, bom administrador, de 59 anos de idade.

Constant foi saudá-lo a mando de Átila, para deixar claros certos pontos.

A morte de Teodósio e a de Crisáfio anulavam as duas demandas pendentes de seu soberano, a saber: a ordem de colocar à disposição um palácio em Constantinopla e o envio da cabeça do grande eunuco. Mas não anulava em absoluto o pagamento do tributo, que era um encargo do império e não do imperador.

"Eu tenho ouro para meus amigos, para meus inimigos só tenho ferro", teria respondido Marciano. Constant vai embora de mãos vazias. Átila não insiste. Finge ignorar essa resposta, despreocupado com o adágio "quem cala consente".

Contudo, de acordo com Bouvier-Ajam, "a maior parte dos historiadores modernos" considera que essa resposta "impressionou-o terrivelmente"[12]. Roma irá distraí-lo dessa decepção.

Em outubro de 450, Galla Placídia, mãe do imperador Valentiniano, morria na Cidade Eterna. Seu filho estava com 33 anos. A criança viciosa e o adolescente perverso que se sucederam nele formaram um monstro, dissimulado, sanguinário, cujos divertimentos eram sempre repugnantes. Aécio, na época, governava o império, sonhando com ele para seu filho único, o agradável Gaudentius, contando casá-lo com Eudóxia, filha única do César. Valentiniano não desencoraja esses devaneios, ao contrário, nutria-os com alusões favoráveis e promessas renovadas, pois temia Aécio tanto quanto o odiava.

Foi o momento escolhido por Átila para fazer valer o pedido de casamento, que já durava quinze anos, feito a ele por Honória, a irmã de Valentiniano. Esta última, conhecida por suas desordens, viu-se fechada diversas vezes em conventos, sendo um em Constantinopla. Parecendo ter-se acalmado com o tempo, havia sido autorizada a retornar a Ravena. Na mesma hora, seu temperamento se soltou. O irmão precisou trancá-la de novo em outro monastério, de onde ela só saía sob estreita vigilância para breves aparições na corte, exibida como um animal curioso.

Átila reuniu um conselho ampliado ao conjunto de seus lugares-tenentes. Onegese, Edecon, Oreste, Berik, Scotta, Esla... e o secretário Constant. Declara ter tomado conhecimento de que sua noiva, de quem ele possui há quinze anos o pedido escrito e o anel, estava sendo maltratada. Ela lhe propusera em seu pedido a metade do império do Ocidente, que lhe era devido como herdeira de seu pai Constance III. Ele não respondera imediatamente, não podendo oferecer a ela uma categoria inferior à de imperatriz. As mortes de Kerka e de Eska tornaram a posição vaga. Portanto, Constant irá a Ravena para informar Valentiniano que Átila aceita se casar com a irmã dele após quinze anos de reflexão, atraso razoável, e que ela será imperatriz dos hunos.

Os romanos ficam atônitos. Atônitos, porém reservados. Valentiniano manda rapidamente tirar Honória do convento, casa-a na hora com um transigente, Flávio Cassio Herculano, e responde ao imperador dos hunos.

Honória, diz ele, era tão pouco requisitada que acaba por se casar com o excelente Herculano. Infelizmente, ela não está mais disponível para a dignidade de imperatriz dos hunos; Valentiniano lamenta bastante. Após quinze anos, perder essa felicidade por algumas semanas! Quanto à divisão do império de Constance III, nenhuma divisão desse tipo está prevista na lei romana. As mulheres podem exercer a regência, mas elas não têm nenhum direito de propriedade territorial.

Átila sabia disso desde a mais tenra idade, contudo regozijou-se com esta tão séria resposta à sua tão pouco séria proposta. A forma séria da resposta a uma enorme provocação é uma boa medida da importância que lhe atribuem e das prudências que ele inspira, pelo menos em Roma. Valentiniano não é Marciano.

Constant volta a Ravena com uma resposta à resposta de Valentiniano.

Átila compreende muito bem que, agora casada, Honória não possa manter a oferta lisonjeira do passado. Regozija-se por sabê-la livre e feliz. Entrega ao imperador a carta de sua irmã e o anel que ela mandou junto – que ele nunca deixou de usar no dedo. O que lamenta é a honra que ele teria merecido na qualidade de cunhado do imperador do Ocidente, o imperador de Roma. Que este último se digne a aceitar a espada de prata que seu enviado lhe traz e que tenha certeza de não haver no mundo amigo mais devotado do que ele. Os tempos próximos lhe fornecerão certamente a prova...

Valentiniano acredita nisso tudo piamente. Vangloria-se junto a Aécio: é assim que se deve fazer com esse bárbaro... Aécio não está convencido. Prefere achar inquietante a urbanidade do imperador dos hunos. Sonda Constant. Constant responde que não vê nada de mal nessas amabilidades. A seus olhos, Átila se distrai. Aécio não nega, mas as distrações de Átila são raramente inocentes. Por isso, parte para supervisionar ele mesmo o reforço da linha Reno-e-Danúbio.

Nova correspondência de Átila para Valentiniano III. Teodorico, rei visigodo da Aquitânia, prometera-lhe entregar desertores e assinar com ele um pacto de amizade. Não fez nem uma coisa nem outra. O mesmo Teodorico manobra para afastar os outros godos da aliança huna. Finalmente, ele conspira contra o imperador do Ocidente. Mas Átila vai restabelecer a ordem. Solicita a Valentiniano permissão para atravessar o Reno para chamar de uma vez por todas o visigodo à razão...

Valentiniano fica envaidecido. O rebaixamento dos godos na Gália lhe convirá perfeitamente. Contudo, um último reflexo de desconfiança lhe ordena que consulte Aécio. O mensageiro é esperado. Aécio chega, é informado, fica aterrado. Desse modo, os hunos entrariam no império com a concordância de Roma...

É tudo mentira, diz ele a Valentiniano, no arrazoado de Átila. Os desertores foram inventados. Assim como a promessa de um pacto de amizade. As relações entre os visigodos e os ostrogodos estão piores do que nunca, e é o próprio Átila que vem atiçando suas discórdias secretamente. Quanto aos gepides, eles pretendem ser mais hunos do que os hunos, o projeto de os indispor não seria mais do que uma quimera. E isso não é tudo.

Átila trabalha para seduzir os francos. Quer todos eles em seu campo. Aécio ouviu falar qualquer coisa: na Renânia, houve o maior dos empenhos em encorajar o franco Ramacher contra o franco Vaast, aliado oficial dos hunos, quando o segundo quis engolir o primeiro.

Finalmente, longe de se opor a Roma, Teodorico lhe propôs combater com ele todos os bárbaros não godos, pois ele mesmo está sendo assediado na Espanha pelo vândalo Genserico, dono da África e da Sicília, por ora o inimigo mais ativo de Roma.

Pergunta-se como o imperador podia ignorar tudo isso, mas os textos da época apresentam a questão da forma como foi exposta acima: Aécio sabia de tudo e Valentiniano não sabia de nada.

Valentiniano, de olhos abertos, atormenta-se dolorosamente: o que responder a Átila, depois de tê-lo feito esperar um acordo completo? Aécio aconselha a prudência. Essa prudência se exprime assim:

O imperador do Ocidente agradece ao imperador dos hunos sua mensagem. Compreende suas razões, mas não pode cogitar de ação punitiva contra os visigodos, já que não foi constatada violação da hospitalidade romana. Tivesse sido constatada, ele mesmo os teria punido, sem ajuda externa. Levando em conta acordos em vigor, atacar os visigodos seria atacar o Império Romano. A travessia da Gália pelo exército dos hunos, por mais disciplinado que ele seja, acarretaria inúteis desordens. O imperador do Ocidente está, pois, convencido de que o dos hunos compreenderá suas razões, como ele mesmo compreendeu as dele, e se absterá de qualquer movimento contra os visigodos, sendo que Roma velará pela lealdade destes últimos.

Átila demora para responder. Tem tempo de afirmar sua tática do "pano vermelho"*, atacando indiretamente.

Um legado de Teodorico apresenta-se em Roma com a cópia de uma mensagem do huno. Átila o informa que vai

* Metáfora do toureiro, que brande o pano vermelho diante do touro que ele desafia. (N.T.)

invadir a Gália para resolver com Roma questões pessoais. Em relação a Valentiniano, ele teve que pretextar que a expedição seria dirigida contra os visigodos. Mas "o poderoso Teodorico", que conhece bem a amizade que Átila lhe dedica, nada tem a temer. Átila só tem a intenção de quebrar o imperialismo romano. Ele convida o visigodo para secundá-lo e, uma vez Roma abatida na Gália, Átila e Teodorico a dividirão como irmãos.

Eis, segundo Jordanes – bispo e historiador godo do século VI, discípulo de Cassiodoro, por sua vez discípulo de Sidônio Apolinário, contemporâneo de Átila –, a resposta de Valentiniano a Teodorico composta por Aécio. É uma objurgação solene carregada de uma angústia que não parece ser fingida: uma confissão clara de quem se sente em situação crítica. Eis o que ele escreve em sua *Histoire des Goths*[13]:

> Vós que sois o mais corajoso dos bárbaros, mostrareis toda a vossa clarividência entrando em concerto conosco para abater o tirano do universo, aquele que quer sujeitar o mundo inteiro, para quem todos os motivos são bons para desencadear uma guerra, aquele que considera legítimo tudo o que tem a intenção de fazer. É pelo alcance de seu braço que ele mede seus empreendimentos; é pela liberdade desenfreada de seu capricho que ele aplaca suas ambições. Sem consideração pelo direito nem pela eqüidade, ele se conduz como inimigo de tudo o que existe. [...] Poderosos pelas armas, penseis em vossos próprios sofrimentos, conjuguemos nossas mãos; socorreis também a república de que sois um membro.

Teodorico fica furioso. Vendo-se arrastado para um combate duvidoso, não esconde sua cólera. Acusa os romanos de ter feito de Átila "um inimigo para nós também". Contudo, dará apoio a Roma.

Eles não se apressam. Há tempo. Os dados foram jogados, podem ficar como estão muito tempo. Nada os apressa. Não é intenção do Império Romano precipitar o destino. Átila procura aliados, e essa tarefa exclui a pressa, que inquieta e afasta.

Ele tem agora 55 anos. Está cada vez mais atarracado. Suas pernas estão cada vez mais tortas. Deixou crescer a barba – quatro pêlos no queixo. Os cabelos estão quase brancos. A pose é sempre imperiosa. Jordanes interpreta assim o que ele extraiu de Cassiodoro, que tirou de Sidônio Apolinário:

> Ele era um homem perfeitamente marcado pelo destino, que veio ao mundo para aterrorizar os povos e abalar a terra inteira.[14]

As alianças são incertas; é preciso consolidá-las, caso não se encontrem outras.

# Bagaudas

Os bagaudas constituem uma nebulosa inapreensível. Algumas de suas concentrações lhe seriam favoráveis, a maior parte encobre suas intenções; ele provoca medo. Foi esta a intenção dele, mas essa conquista é uma faca de dois gumes, pois tanto afasta quanto pode aproximar. E o duplo efeito desse temor é observável em toda parte.

Os francos são duramente disputados por Aécio em pessoa, estando eles mesmos divididos. Quem é o chefe deles? Onde ele está? E eles têm apenas um? Provavelmente dezenas; então, a tarefa dos recrutadores não é facilitada. Clódio, o Cabeludo, o mais poderoso de seus chefes garantidos, morreu muito velho por volta de 435. O famoso Meroveu apresentado como seu filho não passa de uma lenda. De fato, houve um Meroveu que teria sido rei e teria participado ao lado de Aécio na campanha contra Átila na Gália, mas não era o pai de Childerico. Esse Meroveu só teria aderido de verdade à causa romana uma vez decidido o desfecho do combate.

Childerico, em compensação, foi de fato real e de fato o pai de Clóvis. Adotado tardiamente por Clódio, afirmava depois descender de um monstro marinho que teria abusado de sua mãe em uma praia; ele é o chefe principal em 451. Mas que idade ele tem nesse momento? Quatorze anos ou vinte e três? A questão não está resolvida. Jovem, tinha aparência de ser mais velho e, velho, parecia ter bem menos idade, é o que se sabe de fonte segura.

Aécio conseguirá obter o concurso da maioria dos francos, mas ele ocorreu de ambos os lados.

Átila reunirá suas forças sobre as margens do Danúbio. São forças imensas. Os contemporâneos, tomados pelo pavor retrospectivo, contaram cem mil homens, podendo chegar a seiscentos ou setecentos mil. A propensão bem conhecida ao exagero dos cronistas antigos fez com que se revisassem essas estimativas logo classificadas de delirantes. A Grande Armada de Napoleão juntou quinhentos mil soldados recrutados numa Europa dez vezes mais povoada.

Hoje, as divagações aritméticas do século V são julgadas muito menos extravagantes. As contas cem vezes refeitas pelos especialistas apoiados no progresso da história moderna não caem abaixo de uma cifra de 450 mil, e a cifra de quinhentos mil não parece nem um pouco impossível. Talvez se tenha esquecido de que, naqueles tempos, todos os homens eram guerreiros da adolescência à tumba.

Seja como for, Átila reúne um enorme exército sobre as margens do Danúbio. A lista de povos que o compõem dá vertigem. Por seu comprimento e pela ignorância de onde foram parar hoje seus nomes. Além dos ostrogodos, dos gepides, dos alanos e, obviamente, dos hunos – os brancos e os negros – que estão em todas as memórias, havia os neuros, os belonotes, os gelonos, os rúgios, os tucilinges, os scyres, vinte outros cuja enumeração seria tão complexa quanto a que Flaubert multiplicou em *Salambô* por pedantismo pós-romântico.

Como ele pôde reunir uma massa daquelas? Duas razões contribuíram para isso. Átila oferecia aos povos do Leste a translação em direção ao Oeste com que eles sonhavam em todas as suas estepes e florestas, como a história provava há gerações. A atração dessa migração armada era ainda mais fatal pelo fato de a própria massa torná-la indomável. "Quanto mais loucos somos, mais rimos", o afluxo diário de contingentes à beira do Danúbio afastava a menor das dúvidas: tudo o que lhes pudesse fazer oposição seria submergido. Ademais, os povos convocados tinham a guerra no sangue. Para esses nômades ou seminômades, a guerra era desde sempre o grande divertimento, a fonte de todas as riquezas e de todas as grandezas. Assim como Bonaparte acenará a seu miserável exército da Itália com promessas "das planícies mais ricas do mundo", Átila garantiu a seus associados butins fabulosos.

Quatrocentos e cinqüenta mil homens aceitaram na hora. Do outro lado, Aécio terá três vezes menos ou talvez quatro vezes menos, pois seu imperador lhe recusa as legiões da Itália. Fica com três quartos dela para vigiar as costas da bota, temendo talvez os vândalos e seus aliados piratas que ocupam o Mediterrâneo – os vândalos, é verdade, sob essa ótica estão mais próximos de Ravena do que Átila.

# A obsessão ocidental

Átila não tem mais do que três anos de vida, portanto não é cedo demais para nos perguntarmos sobre os motivos de sua obsessão ocidental.

O fator fundamental da invasão da Gália é o tropismo do Oeste, ao qual estavam submetidos os bárbaros do Leste. O poente tinha para eles atrativos irresistíveis, que eram os de uma relativa facilidade de viver em comparação com as tribulações de nômades de domicílio incerto. Antes mesmo de cair na estrada seguros da vitória, eles estavam vencidos, vencidos por seus sonhos e por sua conquista, tanto quanto e provavelmente mais do que Roma foi pela Grécia segundo a fórmula famosa: "A Grécia conquistada conquistou seu feroz vencedor"*.

Pode-se compreender os bárbaros. Quinze séculos depois de suas epopéias, hoje mais do que nunca, no mundo inteiro, sonha-se com a Europa ou, na falta dela, com sua extensão americana como remédio definitivo para a miséria de viver sem proteção contra a dureza do mundo e a própria fraqueza. Assim, no tempo de Átila, a Gália, coração da Europa, já era "país de Cocagne"**.

Além ou aquém do sonho, três erros pontuais precipitaram Átila em direção ao império do Ocidente.

O primeiro foi sua crença no imobilismo gaulês. Ele imaginou os descendentes de Vercingetórix tão hostis no fundo de seus corações à dominação romana que não ergueriam um dedo para defender o império. Ele não se enganava completamente: os gauleses eram hostis a Roma, e muitos deles, bagaudas à frente, trabalhavam para se libertar. Mas sem com isso entregar-se a um outro poder, sobretudo a um

---

* "A Grécia conquistada conquistou seu feroz vencedor e levou as artes ao seio do Lácio rústico." (Horácio) (N.T.)

** "Pays de Cocagne": região imaginária do folclore europeu onde o povo tinha tudo em abundância e sem trabalho. (N.T.)

poder huno cuja reputação ultrapassava todas as execrações que Roma conseguira atrair sobre si desde Rômulo.

O segundo erro, corolário do primeiro, foi sua crença em um apoio maciço dos bagaudas. Estes decerto combatiam Roma, mas só a combatiam por eles mesmos, não por Átila.

O terceiro erro foi sua crença na união dos francos, dos burgúndios e mesmo dos visigodos. Ele lhes acenou com a divisão do Império Romano. Mas uns e outros já eram elementos constitutivos do Império Romano. A maior parte tinha *status* de federado, que os associava muito estreitamente e lucrativamente a Roma, de tal forma que Roma era a mais fraca... Sabiam que o tempo trabalhava para eles, e nem os bagaudas nem os gauleses em geral queriam trabalhar para um outro.

Finalmente, a Gália era cristã – os bispos exerciam lá quase todo o poder, suprindo todas as carências de Roma. Átila conhecia bispos. Ainda no Danúbio teve contato com eles, mas sua descrença genética o proibia de levar em conta o fator metafísico.

Do Danúbio, seus exércitos avançaram até o Reno. Ele preparou a travessia mandando arrancar florestas para construir pontes de madeira e milhares de barcos, de maneira que seus contingentes pudessem atravessar todos juntos o rio mais estratégico da Europa há dois mil anos – para ele, cinco séculos apenas.

Durante esse tempo, Aécio passeava em Auvergne. Passeio interesseiro: ele foi ver Flávio Marcelo Avitus. Antigo prefeito da pretoria das Gálias, Avitus negociara um pacto de aliança entre romanos e visigodos, conseguindo superar a repugnância destes últimos. Desde então, conservara uma grande influência junto ao rei deles, Teodorico. Trata-se de convencer Teodorico a entrar na guerra contra Átila com os romanos. Teodorico não está entusiasmado. Um enviado de Valentiniano que veio vê-lo com tal objetivo só havia obtido esta resposta: “Os romanos com suas trapalhadas atraíram a tempestade, que saiam dela sozinhos!”.

Avitus aceitou a missão que Aécio lhe confiou. Convenceu Teodorico de que a vitória de Átila não seria apenas a derrota do Império Romano, mas que ele mesmo perderia tudo: uma vez derrotados os romanos, o imperador dos hunos não o deixaria tranqüilo por muito tempo na Aquitânia. Teodorico acreditou tanto que, em pessoa, assumiu o comando de seu exército. Sidônio Apolinário, seu genro, pôde assim escrever em seu *Panégyrique*: "Os batalhões cobertos de peles foram se colocar por trás dos clarins romanos"[15].

Avitus trouxe também o concurso de tropas de bagaudas, contra a promessa de não serem perturbados no final da campanha por causa de suas revoltas anteriores.

Átila atravessou o Reno e iniciou o programa de devastação que ele se determinou, com o objetivo de espalhar o terror e desencorajar as vontades de resistência. Dividiu suas forças para varrer o máximo de terreno. Foi o primeiro exemplo de "foiçada", imaginado pelo grande estado-maior de Guilherme II antes da Grande Guerra que ganhou o nome de plano de Schlieffen: um imenso movimento sinuoso do mar do Norte e do canal da Mancha à Suíça.

Ele mesmo avançou sobre Trier, tomou-a e saqueou-a. Edecon, reforçado pelo ostrogodo Theodemir, atravessou a fronteira da Helvécia em marcha para a Alsácia. Destruiu Basiléia, Windisch e Colmar. Atacado pelo burgúndio Gondioc, aliado de Aécio, botou-o em debandada. Sua vanguarda avançou até Besançon. Oreste, com o gepide Ardaric, tomou Estrasburgo, Spire, Worms e Mayence. Onegese, na asa norte dessa grande foiçada, flanqueado por Scotta e Vaast, tomou Tongres e Arras. Outras formações se espalharam em toda parte sem nenhuma ordem entre os grandes eixos da ofensiva, alcançando Reims, Creil, Amiens, Beauvais, Rouen e Caen. O estrago foi geral. Estacionado em Trier ou em Luxemburgo – a questão não foi esclarecida –, Átila não controlava mais os movimentos de suas hordas e se preocupava com seus bons resultados.

As aparências do exército coeso que ele constituíra na borda do Danúbio voaram em pedaços em poucos dias. Não havia mais comando. O Flagelo de Deus, não conseguindo controlar suas tropas, ruminava confuso o efeito perverso de sua tática.

A destruição de Trier serviria de exemplo para as populações invadidas, arruinaria seu moral de uma vez por todas, e depois a invasão seria não mais do que um desfile militar. As ricas cidades da Gália abririam suas portas suplicando para serem poupadas.

No entanto, o saque de Trier foi antes de tudo exemplar aos olhos dos bandos ferozes e desunidos que formavam o grosso de suas forças: o saque de Trier pelo chefe supremo foi aos olhos deles o sinal exaltante de que poderiam se permitir tudo. Os contingentes em debandada erravam em todos os sentidos, cruzavam-se e recruzavam-se, ignorando-se como formigas de um formigueiro desmanchado por um pontapé, levando cada vez mais adiante, no desespero de sua desordem, uma devastação que Átila gostaria agora de parar.

Quinhentos mil selvagens embriagados de pilhagem e destruição perambulavam sem outro objetivo em um território que se estende da Bélgica ao Loire e do Reno ao canal da Mancha.

# Concentração!

A disciplina faz a força principal dos exércitos. Átila sempre soube disso, mas não teve tempo de impô-la aos seus: não se mudam em poucos anos hábitos seculares. É preciso tudo recomeçar. Ele convoca seus braços direitos.

Voltar à ordem? Qual ordem? Nunca houve ordem entre os hunos, apenas consentimento, sempre precário, com a autoridade de um chefe. Mas é preciso introduzir um mínimo de coesão naquelas massas anárquicas, sem a qual a expedição estará condenada.

A conferência se separa depois de fixadas três zonas de concentração que deverão reunir os bandos espalhados pela metade norte da Gália: a região de Metz-Bar-le-Duc, a de Langres-Châtillon e a de Reims-Châlons-sur-Marne.

Edecon, o artilheiro-chefe, encarregou-se de comandar o desenvolvimento e o aperfeiçoamento do seu parque de balistas e de catapultas, começando pelos equipamentos tracionados, pois por trás de suas muralhas numerosas cidades ainda desafiam invasores incapazes de derrubá-las.

Emissários são enviados em todas as direções à procura de formações dispersas ao acaso, fazendo a guerra por sua própria conta sem dar nenhuma satisfação. Convencer os franco-atiradores a se deslocar para as zonas de concentração é a mais delicada das tarefas.

A ordem de pilhar o mínimo possível é dada.

Átila, por sua vez, anuncia a tomada de Metz. Esta ainda tem que ser tomada, mas ele não duvida que vá conseguir, embora Metz seja a cidade mais bem-defendida do norte da Gália. Foi por isso que ele a escolheu, sua ocupação só será mais gloriosa. Seu prestígio será reafirmado.

Depois disso, ele avançará o mais depressa possível para o sul da Gália na esperança de atrair Teodorico, que vai querer impedi-lo de alcançar a Aquitânia. Com Teodorico aniquilado, ele se voltará para os Alpes, esperará a irrupção de Aécio e o esmagará.

Duas rotas são possíveis: Langres, Chalon-sur-Saône, Lyon e o vale do Ródano; Reims, Troyes, Orleans, os vales do Loire e do Vienne. Ele escolhe a segunda, esperando encontrar reforço com os alanos do Loire, instalados em Sologne e em Touraine há uma centena de anos.

Caçadores, pescadores, criadores e agricultores, os alanos, primos dos hunos, prosperaram tranquilamente, recrutando êmulos em seus antigos territórios entre o Don e o Volga, vindos discretamente engrossar sua população. Terminaram constituindo uma entidade completa, que não se mistura a ninguém, dotada de um rei autoproclamado de nome Sangiban. O homem mantém sua corte em algum lugar entre Chambord e Cheverny, dispondo de um pequeno exército que ele chama de "sua guarda", com o qual, de tempos em tempos, lança expedições ditas de reconhecimento de onde nunca volta sem butim. É um pilhador cínico e prudente. Aécio, para atraí-lo, encarregou-o da guarda do Loire, mas Átila, conhecendo-o, fez questão de isentá-lo desse dever insípido.

Átila avança em direção a Metz. Completa seu cerco à distância. Porém, suas patrulhas descobriram inúmeros bandos de francos defendendo o campo. É preciso livrar-se deles antes de tomar a própria cidade. Átila esperava empurrá-los na direção de Metz, imprensá-los contra as muralhas e exterminá-los, mas os francos tornaram-se inalcançáveis. Desapareceram. A importância do exército huno inspirou-lhes uma retirada prudente.

Uma segunda decepção o aguarda: os bagaudas, com quem ele acreditara poder contar, falham. Os de Château-Salins, bando composto sobretudo de desertores e não de camponeses, foram aniquilados pelo bando de Nancy, que se declarou contra a invasão. O de Commercy, um dos mais importantes de Lorraine, acertou-se com a guarnição galo-romana de Bar-le-Duc.

O cerco de Metz começa. As intimações são repelidas. Um arauto que vai à frente é morto com uma flechada no rosto. Muitos dias se passam sem ação. As muralhas são poderosas, os sitiados determinados. Parecem não sentir falta de nada.

Finalmente, Átila manda bater os aríetes contra as portas; os grupos de arrombadores são dizimadas pelos tiros dos defensores. Os sobreviventes fogem.

Pouco depois, em plena noite, uma saraivada de projéteis abate-se sobre os quatro campos de hunos montados sobre os quatro pontos cardeais, causando importantes estragos. No dia seguinte pela manhã, Átila põe suas máquinas em bateria para um resultado pífio: as muralhas são bastante poderosas, mal foram danificadas.

O cerco se prolonga. É preciso acabar com ele. Um último arauto bem recoberto de ferro lança uma derradeira intimação oferecendo vida salva às mulheres e às crianças; caso contrário, o sítio perdurará até a fome se instalar, e todo mundo morrerá. A resposta é um saco de farinha catapultado a seus pés.

Átila convoca Edecon com o *nec plus ultra* de sua artilharia. Aríetes com ponta de ferro e aríetes com garras, os chamados arrancadores, para desarticular os muros, catapultas gigantes. Sapadores começam o serviço. Os arrombadores estão equipados de capacetes especiais grandes como guarda-chuvas, sob os quais não há que temer nem o óleo fervente nem as flechas.

Metz está tão estreitamente apertada pelos sitiantes que estes recuam seus acampamentos para evitar os acidentes que poderiam ser causados pelos desabamentos, considerados agora certos – certos e iminentes –, das muralhas.

Os aríetes não arrombam nada. Os arrancadores não arrancam nada. Os solapamentos não provocam nenhum desabamento.

Átila, enfurecido, não consegue suportar por mais tempo o espetáculo de sua impotência; decide a retirada. Exige uma ordem impecável para desmentir sua fama de selvageria e de desordem. Os hunos embrutecidos são alinhados segundo seus graus de legionários. Adiante, marchar! Com a raiva no coração.

Edecon, o artilheiro frustrado, antes de arrumar as bagagens esvazia seus depósitos de munição contra Metz. Suas últimas pedras estalam inutilmente sobre as muralhas impassíveis e ele se move por sua vez. As zombarias dos sitiados exultantes ainda reboam às suas costas quando um trovão abala o solo. Toda a muralha sul de Metz desabou em um só bloco. A cidade se oferece escancarada aos hunos.

Edecon chama a maior parte do exército. Uma torrente de enfurecidos deságua sobre Metz, ignorando seu imperador, que desejava retê-los. Átila não comanda mais nada. Tudo o que respira é massacrado, os homens, as mulheres, as crianças, os cães, os gatos, os ratos, os camundongos. Ninguém é violado, nada é roubado. Não há tempo de violar, não há tempo de roubar. A beleza das mais belas moças não lhes vale nenhum tempo a mais. Mata-se, quebra-se. Tudo é destruído, não haverá butim. Os víveres acumulados serão atirados pelas ruas. Só o vinho de um reservatório descoberto durante a azáfama terá graça aos olhos dos vencedores. Será bebido freneticamente. A bebedeira redobrará a carnificina. Encarniçam-se todos sobre os cadáveres.

Quando Átila entra em Metz, nada se mexe, tudo está morto. Os habitantes para sempre, e seus homens bêbados até a morte. Certos indícios levam a crer que ele teria tido diante desse desastre – o desabamento de sua autoridade tão repentino quanto o da muralha – o sentimento de já ter ultrapassado seu apogeu. Está sozinho com seu desígnio e um punhado de lugares-tenentes tão impotentes quanto ele diante da selvageria das tropas. Sua autoridade nunca mais estará assegurada.

Já nos primeiros tempos, tão próximos e tão longínquos, ele precisara ir às pressas restabelecer a ordem entre o Don e o Cáucaso, combater os akatzires, os alanos e mesmo os hunos, que ele acreditava ter convencido da grandeza e da utilidade do império. Hoje, o saque demente de Metz é mais grave. Quando os hunos do Volga rejeitaram sua autoridade, esquecendo-se dos engajamentos consentidos pela própria vontade, ele estava longe, na outra extremidade do império. "Quando o gato não está presente, os ratos dançam." Hoje, fora talvez sua guarda, seus guerreiros praticamente passaram por cima do seu corpo durante a loucura da carnificina. Punir?

Teria que mandar dizimar as duas metades de seu exército uma pela outra, e ele não seria mais nada.

O que fazer com esses brutos? Avançar, avançar sempre para mantê-los em alerta, admitir seu atavismo de destruição estúpida, mas até onde? Que império construir e consolidar com uns selvagens desses, surdos a qualquer argumentação? Escravos de suas pulsões. Segundo vários analistas, um sentimento desastroso de fragilidade o teria invadido.

Serão necessários dois dias para suas hordas se curarem das duas embriaguezes, a do sangue espalhado e a do vinho engolido. Os soldados que permaneceram sóbrios tiveram muito trabalho para encontrar sentinelas para proteger as balistas, as catapultas e seus camaradas extenuados pela carnificina.

Onde ir depois disso? A Reims.

As colunas de Oreste desdenharam Reims. Em boa ordem, elas atravessaram o Meuse e o Aisne, transpuseram os desfiladeiros de Argonne, deixando lá uma forte guarda, chegando diante de Laon não sem ter aniquilado no caminho duas concentrações francas, apoderando-se delas com dificuldade e não deixando nem uma alma viva, mas por decisão de Oreste.

O massacre aconteceu dentro da disciplina e a partilha do butim na mais perfeita ordem. Em seguida, Oreste mandou incendiar a cidade. Depois de Laon será Saint-Quentin e, finalmente, ele se encaminhou para Reims, onde Átila estava à sua espera.

Reims é mal defendida. Seu bispo, Nicaise, decidiu não resistir. Ele sai em grande pompa da cidade para ir ao encontro do Flagelo de Deus. Em nome do Senhor Todo-Poderoso, roga ao imperador dos hunos que poupe a cidade, oferecendo-se como refém. No passado, César poupou a cidade, lembra ele a Átila, pensando que esse nome talvez não fosse desconhecido do homem à sua frente, que talvez tivesse por ele o respeito que os grandes predadores têm uns pelos outros e que a idéia de imitá-lo pudesse lhe passar pelo espírito.

Átila o escuta, ao que parece com atenção, inclinado sobre o cavalo. Nicaise continua falando, mas um guerreiro empurra os padres que o acompanham e o decapita. O assassinato desencadeia a debandada. Pouco depois, Reims nada mais é do que um braseiro. Átila não chega a entrar na cidade. Afastou-se um pouco com sua guarda por causa do calor. Não se sabe se puniu o assassino do bispo.

Pela segunda vez em alguns dias, o imperador dos hunos se vê desbancado por suas tropas.

Os detalhes desses relatos nunca foram verificados. Eles dão a Átila a imagem de um seguidor mais do que de um chefe. Qualquer soldado decide a tomada de uma cidade e – por que não? – a sorte de uma campanha. Átila, imperador de enfeite?

A questão agora é recuperar o pulso. Ele conduz o exército ao oeste de Épernay para passar-lhe um sermão. A ordem é o tema de seu discurso. As proibições acumulam-se: proibição de deixar as fileiras durante as marchas, proibição de pilhar, proibição de saquear, proibição de atacar o menor lugarejo sem sua ordem, proibição de violar e matar, salvo disposições contrárias.

O abastecimento é confiado a uma formação especial de forrageiros que trabalharão através de persuasão – não se tomará mais nada à força – e serão comandados por Esla.

O respeito a essas proibições será assegurado por uma polícia especial comandada por Berik, um brutamontes famoso até o mar de Aral. A dúvida jamais o perpassa, o epíteto "durão" foi cunhado para ele. Átila é seu deus. As hordas suspiram e se resignam. Átila respira: continua sendo imperador.

O exército novamente sob controle desfila diante de Châlons-sur-Marne e depois diante de Troyes. Os habitantes de Châlons e os de Troyes o contemplam, ofuscados, afastando-se em direção a Bar-sur-Aube sem lançar-lhes um olhar. É lá que está prevista a reunião com Onegese e Oreste.

Conselho de guerra. Átila dá inicialmente a palavra a Oreste. Ouve-o sem comentários, relata por sua vez sua marcha, deixando a Edecon a descrição e a análise da ação da artilharia que brilhou contra Metz. Depois entra diretamente no assunto: o comportamento de suas tropas, insuportável, inaceitável, intolerável... Reconhece ter sido suplantado. Incapaz de impor a menor disciplina ou de evitar o que ele chama de excessos inúteis.

Destruir Metz, que havia rejeitado as intimações, sim, para fazer refletir, mas não desse jeito. Aquela carnificina foi um grande erro. O erro em Reims foi ainda pior: Reims ofereceu a rendição antes de qualquer intimação. Sabe-se agora que diante dos hunos não há nada a perder. Longe de enfraquecer, que era o que se queria com o uso do terror, a resistência vai endurecer. Doravante, o inimigo despenderá a energia do desespero.

A disciplina é capital. É preciso estabelecê-la e fazê-la ser respeitada. As legiões romanas se aproximam. O que faremos diante de seus blocos, que manobram como um só homem?

Os lugares-tenentes aquiescem. É necessário mais ordem. "Mais" não é a palavra, acrescenta Átila. "Mais" é impossível, uma vez que não há ordem alguma. Os lugares-tenentes aprovam sempre. Depois Oreste fala. Nem tudo está perdido. Os hunos também sabem obedecer. Os seus lhe obedeceram, como em Laon.

Em Laon, o massacre só começou com a sua ordem. Depois do extermínio, que também foi metódico, o butim foi cuidadosamente classificado e distribuído segundo as regras. O incêndio obedeceu ao seu comando. Ninguém acendeu uma tocha antes de sua permissão.

Onegese não está nem um pouco impressionado com a satisfação de Oreste. O que ele fez não é melhor, é pior, ele diz. Oreste dá um salto: como pior? Bem pior, isso mesmo. Como? Oreste confunde cenoura e disciplina, disciplina e hipocrisia. Seus homens aguardam suas ordens sabendo que ele as dará. A espera da recompensa é então a do prazer: a primeira aumenta o segundo e vice-versa. Os cães de uma matilha, ao ouvir o halali, controlam-se antes da carniça. Oreste ordena carnificinas que se fariam sem ele. A disciplina de que ele se gaba de ter instaurado é pura comédia, assim como seus comandos.

A tensão é extrema no estado-maior asiático, e Átila não diz uma palavra.

Segundo alguns historiadores, Scotta teria então causado grande impressão. Teria incensado todo mundo, Oreste, Onegese, Berik, cem outros, seus homens e seus cavalos, Átila mais do que todos, e proposto um brinde imperial às vitórias dos hunos, passados, presentes e futuros.

# Paris

*Nach Paris*! O grito dos exércitos alemães ainda sob os capacetes de ponta, do Kaiser Guilherme II no mês de agosto de 1914, antes da batalha do Marne, 1500 anos depois da invasão do grande Átila, não reboou mais forte do que o clamor dos hunos sobre os restolhos da Champagne quando a ordem foi finalmente dada para marchar sobre Lutécia*.

Foi como se os cavaleiros mongolóides, ignaros e analfabetos, que constituíam o ferro de lança de seu exército – ferro de uma lança praticamente desprovida de cabo –, tivessem adivinhado o destino daquele burgo informe, que mal acabara de transbordar de sua ilha original em direção a Montmartre e Montparnasse. Paris só era Paris há pouco. O nome de Lutécia ainda prevalecia poucos anos antes. De todo modo, era de fato Paris que os arqueiros asiáticos descobriam. Eles se instalaram longe das muralhas, nos futuros grandes subúrbios. Discretos, onipresentes.

Os parisienses se perguntam o que fazer. Lutar? Não conseguem se ver lutando. Render-se para sobreviver? Sobreviverão? As promessas de Átila só comprometem eles mesmos. O consenso finalmente surge: as mulheres e as crianças deixarão Paris. Caminharão em direção a Saint-Cloud e Versalhes com uma forte escolta, resignada a lutar se for o caso, e precedidas pelo clero de Paris cujas preces, eles estão certos, abrirão o caminho.

E os homens? Os homens sairão de noite, na direção oeste, para Rueil de um lado, para Argenteuil do outro. Os dois caminhos parecem livres. Eles se movimentarão sobre as muralhas do leste para persuadir o imperador dos hunos de que um grande ataque está sendo preparado daquele lado, onde justamente o Flagelo de Deus mandou erguer sua tenda imperial. Se forem parados, oferecerão a garganta como o cordeiro à faca do sacrifício, implorando contudo a vida salva, em troca

* Lutécia: cidade da Gália, capital dos parisii, que se tornou Paris. (N.T.)

da qual passarão a informação de que na cidade nada falta e tudo está intacto. Os vencedores só terão que se servir.

Chega Geneviève, filha do gaulês Sévère e da gaulesa Gérontia, proprietários em Nanterre. Ela tem 29 anos e visões há muito tempo. Os bispos Germain de Auxerre e Loup de Troyes – futuros santos assim como ela, que será santa – a puseram imediatamente sob sua proteção. Ela já fez milagres – o mendigo manco que passou a correr, aquela criada que de repente foi curada de uma cólica eterna, uma menininha que gaguejava e agora fala perfeitamente. Seu prestígio é imenso.

Os edis lhe expõem seu plano. Nem pensem nisso, ela diz. O que fazer?, perguntam aqueles infelizes. Rezar, rezar simplesmente, ela responde. Os hunos não atacarão se rezarmos, diz. Se rezarmos de verdade com muita força. Inútil montar guarda nas portas e nas muralhas. As mulheres já se trancaram dentro da igreja de Saint-Étienne e na basílica de Notre-Dame com as crianças. Elas desaprovam os covardes que só pensam em fugir e que serão exterminados.

Os homens sensatos se perguntam se ela não enlouqueceu. Perguntam-se também se Átila não a teria comprado.

Precipitam-se nas igrejas para verificar se as mulheres estão bem trancadas. As portas foram embarricadas, ouvem-se cânticos, não se vê mais uma mulher na cidade. Os mais excitados voltam-se para Geneviève vociferando. Alguns atiram-lhe pedras sem acertar nenhuma. Ela se ajoelha, começa a rezar. Os enfurecidos param, descobrem-se, ajoelham-se e a acompanham. De madrugada, os hunos foram embora.

Tal é a história dos hagiógrafos. Pode-se não acreditar em milagre, ainda assim o mistério continua intacto. Átila virou as costas para Paris depois de ter organizado o cerco. É a segunda vez que o imperador dos hunos renuncia a tomar uma cidade cuja posse ou destruição teria ainda aumentado, senão seu poder, ao menos sua reputação.

Não havia comparação entre Paris e Constantinopla no século V. A suntuosa capital do império do Oriente esmagava aquela Lutécia, cujo único título de glória era ter sido distinguida por Juliano, o Apóstata, prefeito dos gauleses em 355 antes de sua elevação a império. O herói infeliz da restauração do paganismo contra o cristianismo de Estado de seu tio Constantino, o Grande, morto combatendo os persas em 363, a havia transformado. Ele fizera dela a capital de sua prefeitura e havia construído na margem esquerda um conjunto de monumentos – arenas, teatro, termas – e belas residências que lhe davam um ar imponente. Mas nada que pudesse rivalizar com os esplendores de Bizâncio. Pouco importa, é a desistência que conta, não seu objeto.

Colecionaram-se suposições. Os pântanos e as muralhas o teriam dissuadido de lançar o assalto. Seu sentido de humanidade teria suplantado a ferocidade: um pouco preocupado com um novo massacre, que a fragilidade da disciplina de suas tropas não permitia afastar, teria preferido não correr o risco. Teria temido que o cerco se eternizasse, que Aécio tivesse todo o tempo para transpor os Alpes e lhe cair em cima, reforçado por uma massa de visigodos; para refinar essa hipótese, imaginou-se que Geneviève o teria persuadido da inexpugnabilidade de Paris e da iminente chegada das legiões. Geneviève ainda teria lhe enviado clérigos diplomatas que o teriam persuadido a se retirar e assim obter muito mais glória do que saqueando uma cidade a mais. O rei da Sologne, o parasita Sangiban, teria enviado mensageiros para informá-lo de que estava sendo formada uma poderosa concentração de galo-romanos ao sul do Loire e que ele mesmo, Sangiban, seria varrido.

Seja como for, Geneviève tornou-se a padroeira de Paris.

Pode ser também que o cerco tenha sido levantado porque era preciso andar depressa. Esmagar os visigodos a caminho da Aquitânia, depois se voltar contra Aécio no desfiladeiro dos Alpes, o plano era impecável. Napoleônico – pensamos na campanha da Itália e na campanha da França. Tudo repousa sobre a velocidade. "Atividade, atividade, velocidade!", o imperador em pessoa condensou nessas três palavras uma de suas últimas diretivas antes de Waterloo. Átila, pelo que sabemos, mesmo não as tendo escrito, sempre se inspirou nessa divisa. Ademais – seria efeito da idade, de um esgotamento absurdo? –, Átila qüinquagenário dava sinais de lentidão ou até de abatimento. Ele perdera muito tempo na Lorena e na

Champagne. O cerco de Metz foi um primeiro erro: durou tempo demais. O desabamento *in extremis* da muralha sul foi uma armadilha do destino. O saque anárquico de Metz foi a confirmação de uma fraqueza fundamental: o huno não sabe se conduzir e, se soubesse, não mudaria nada, porque ele não quer. Podem invadir a Europa com cem mil, com duzentos mil, com quinhentos mil, não importa: são todos indivíduos marchando cada um por si, sem outros desígnios que não sejam os particulares, individuais e minúsculos. Desde o começo como imperador e conquistador, Átila insistiu em corrigir esse comportamento. Em fazer seus cavaleiros compreenderem o interesse de uma coesão que multiplicaria o poder de todos. Chegou a acreditar ter conseguido assim que virou as costas, apesar dos distúrbios que agitaram o Cáucaso e o Volga depois que ele lançou as bases de um império estruturado.

Ele restabelecera a ordem – uma certa ordem, mesmo que frouxa – com bastante facilidade em 437. No entanto, depois de quinze anos de campanhas suplementares, de manobras magistrais e de conquistas consideráveis, a precipitação frenética de seus homens em Metz, passando diante dele como se ele não existisse, já embriagados da carnificina na qual se atiravam, abriu-lhe os olhos. Seus exércitos não passavam de tropas de selvagens irresponsáveis. Em quinze anos, eles nada aprenderam.

Ele vai perder tempo chamando-os à razão, inculcando-lhes *in extremis* os rudimentos de uma necessidade vital, a disciplina. Alguns dias, uma semana, um pouco mais, entre o desastre de Reims e a partida para Paris. É uma semana a mais. Quanto a Paris, grande cidade ao menos para a época, já vasta, já imponente, ela valerá um dia uma missa, mas no presente não vale um cerco.

É impossível que lá longe, no Sul, os visigodos estejam inertes e os romanos não estejam se mexendo. Então, Paris... Muito contentes por se verem de novo vivos de corpo e de bens, depois de se verem perdidos, os parisienses não ameaçarão suas retaguardas. O tempo corre. Ataquemos os visigodos. A horda movimenta-se em direção a Orleans, onde talvez seja possível entrar sem combate, com a ajuda de Sangiban.

# Lentidões

Esla foi encarregado de ir até o "rei" de Sologne para lhe pedir que se apressasse: "Atividade, atividade, velocidade!". Átila chegava a Fontainebleau quando Esla saltou do cavalo e lhe anunciou que a missão fora cumprida. O exército, guiado por Átila, não tinha percorrido durante esse tempo senão um quinto da mesma distância.

Sangiban prometera mundos e fundos ao imperador dos hunos. Não se preocupe, eu trato de tudo... Manteve a palavra. Apresentou-se diante de Aurelianum com seus bandos suspeitos, envoltos em peles de coelhos, perfumados com essência de tourão, brandindo lâminas informes que faziam feridas pavorosas, urrando horrivelmente seu amor invencível pela cidade de santo Aignan. Abram-nos, não vão se arrepender, demandou Sangiban. Aignan ainda não era santo, mas já merecia sê-lo.

Um jovem vigário, sobre as muralhas, pediu aos alanos que esperassem. Ele foi ver o padre bispo e informá-lo do desejo deles. Voltou ao fim de duas horas. A ajuda dos alanos era bem-vinda, mas em campo aberto, em volta da cidade. No interior não havia lugar para eles, a guarnição já era muito numerosa. Sangiban voltou derrotado para o seu reino.

Átila teve que renunciar à esperança de entrar em Orleans sem o esforço de sitiá-la. O esforço e o tempo que corria sempre e cada vez mais depressa, pois três cavaleiros chegaram de Lyon – sem fôlego, parece, e com seus cavalos esgotados. Aécio não vem se arrastando. Está bem mais próximo do que se pensava. Já atravessou os Alpes, está em Arles.

Com esse dado, é o plano inteiro de Átila que se desmancha. O projeto de esmagar os visigodos de Teodorico antes de enfrentar Aécio é insustentável. O que fazer?

Desistir? Abandonar? Voltar para o Danúbio? Ele teria considerado. Como pôde considerar? Seus 450 ou quinhentos mil homens lhe teriam parecido insuficientes contra os cento e cinqüenta mil de Aécio e Teodorico? Vemos aí a estranha fragilidade, ou o lancinante bom senso, do conquistador mais ousado do primeiro milênio. Três contra um não era suficiente.

Sem Onegese ele teria desistido, concordam os historiadores. Teria dado meia-volta, teria se internado nas profundezas de seu império de estepes e de vento. Onegese acreditaria na missão libertadora dos hunos, destinados a libertar a Europa do jugo romano. Provavelmente demonstrou a seu imperador – o imperador que ele escolheu – que suas forças eram imensas e que ele podia se permitir muito, inclusive enfrentar sozinho a coalizão romana.

Tornam a partir na direção de Orleans. Param em Montargis, depois em Beaune-la-Rolande, sempre hesitando. Onegese insiste no seu ponto: não se pode renunciar, martela, é preciso tomar Orleans, senão ninguém mais acreditará em Átila.

O bispo Aignan mandou um de seus padres informar Aécio em Arles do avanço de Átila. O padre diz ao patrício que Orleans não poderá agüentar indefinidamente e que suas legiões serão bem-vindas o mais depressa possível.

O vigário retornou. Aécio está pessimista. Ele tem pouca gente, Valentiniano ficou com três quartos das legiões da Itália, e ele tem dificuldade para recrutar outras. Na verdade, está tão fraco que sequer pode prever o dia de sua partida. Aignan deve se organizar para poder agüentar mais tempo.

Átila marcha com pés de chumbo. A fulminante mobilidade dos primeiros hunos não é mais do que uma lembrança. O grosso de suas forças está exposto agora entre Châteauneuf-sur-Loire e Vitry-aux-Loges, enquanto ele parlamenta com os bagaudas e os alanos, pois sua formidável superioridade numérica não lhe basta. Diplomata irreprimível, procura ainda aliados, sempre e em toda parte. A menos que uma surda inquietação, a mesma que Onegese conheceu e que o conjurou a jamais deixar transparecer, o tenha levado a nunca se achar suficientemente forte, a se reforçar sem cessar para se sentir tranqüilo.

Essa inquietação, essas hesitações, essa lentidão que é sua conseqüência, mostram o Átila da Gália muito longe do

Átila dos Bálcãs, que havia concebido e realizado a fulminante campanha que pusera de joelhos o império do Oriente e o havia levado até as portas de Constantinopla.

Partido de Metz em 10 de abril, ele chega em 19 de maio diante de Orleans. Em quarenta dias, cobriu quatrocentos quilômetros. O cerco foi completado dez dias mais tarde, o bloqueio podia começar. Os alanos de Sangiban, de novo fora de suas florestas, mantêm a margem sul do Loire; os hunos, o norte.

Mensageiros circulam. Fica-se sabendo da aliança oficial dos visigodos e dos romanos. Teodorico age sem moderação: ele monta dois exércitos. O primeiro – de choque – será comandado por seu filho Thorismond, o exaltado da família; o segundo – de reserva – por seu filho Teodorico, sensato e prudente, braço direito do pai, já apelidado de Teodorico II. Não será possível se eternizar diante das muralhas de Orleans.

O bombardeio começa no dia 12 de junho. É impedido por grandes merlões, compostos de feixes de ramos recobertos de terra, construídos pelos sitiados na frente de suas muralhas. Dois dias são perdidos para destruí-los e liberar o campo de tiro das balistas e catapultas. Os tiros incendiados provocam na cidade incêndios que são rapidamente dominados, pois não falta água para os sitiados. As pedras das catapultas cortam a crista das muralhas sem abalá-las. Os aríetes não conseguem nem chegar às portas, impedidos por chuvas de flechas e jorros de óleo fervente. As balistas de Orleans conseguem destruir as balistas de Edecon. Avança-se muito pouco, e o bispo Aignan recebe uma mensagem de Aécio. Ele vai chegar dia 20 de junho. Uma celeridade inacreditável, mas o bispo jamais duvidou da Providência.

Dia 20 à noite, Aécio não chegou. Falta óleo para ferver. A água vai faltar. As muralhas começam a ceder. Aignan pede para ver Átila. "Amanhã, às cinco horas", traz o arauto que entregou seu pedido, menos de um quarto de hora depois de partir.

No verão, já está praticamente claro às cinco horas da manhã. Aignan sai pela porta norte, cercado por um punhado de diáconos. Onegese, a pé, o espera e o conduz até seu chefe.

O bispo saúda, o huno se levanta e o convida a se sentar.

Sabe-se o que se seguiu por intermédio do abade Jacques Paul Migne, o ilustre autor dos 380 volumes das *Patrologies* latina e grega, suma que permaneceu inacabada por causa do incêndio de sua gráfica em Paris em 1868, o qual destruiu 650 mil clichês, no valor de seis milhões de francos-ouros.

O bispo de Orleans pede ao imperador dos hunos que levante o sítio e se oferece como refém. Átila recusa. Pergunta-lhe:

"O que o senhor deseja?"

"A rendição sem condição."

Aignan protesta. Átila responde que ele não tem escolha. Ele pretende ainda tê-los, pretende ainda poder resistir, aguardar os reforços. Ele os esperou, retorque Átila, e eles não vieram. Então, Aignan apela para a humanidade do huno. Átila o cumprimenta:

"O senhor está se tornando razoável..."

"Imperador, eu confio no senhor."

"Talvez esteja errado", diz o imperador.

Aignan declara que vai mandar abrir as portas, junto das quais os sitiados terão depositado suas armas. Pede que não se mate ninguém e que se deixe nas igrejas os vasos sagrados, pois "Deus não perdoaria o roubo deles".

"O senhor salvou sua cidade", lhe diz Átila.

Uma hora mais tarde, por volta das seis horas, Átila escuta subir o clamor dos cânticos. Todas as portas de Orleans foram abertas ao mesmo tempo. Átila dá suas ordens. A artilharia recua e se reagrupa, tendo em vista novas aventuras. Por volta do meio-dia, carros avançam acompanhados de equipes que vão recolher as armas dos sitiados empilhadas junto das portas e tomar as máquinas de arremesso orleanesas. Por volta das cinco horas, Átila manda anunciar sua entrada na cidade. Apresenta-se escoltado por mil cavaleiros, que vão deixar seus cavalos fora dos muros, e caminha em direção à catedral. Aignan o aguarda sozinho no átrio. Os dois homens se saúdam com a cabeça.

A praça está obstruída por um depósito heteróclito de

vasos, baixelas, mobiliário, ânforas e outros. Com um sinal de Átila, Berik manda transportar o conjunto para o acampamento. Outros destacamentos visitam as casas, apanham o que encontram de jóias, dinheiro, tecidos utilizáveis, e os mostram a Átila antes de colocar tudo dentro dos pequenos carros encontrados no local. Finda a visita, Átila se vai, ordenando que as portas permaneçam abertas.

No dia seguinte, dia 22 de junho, partilha-se o butim dentro da mais perfeita ordem. Os aliados com quem foi feito um acordo serão privilegiados em relação aos hunos para fazêlos aderir um pouco mais. Os alanos, que nada fizeram além de tomar conta da margem sul, também receberão, pois assim ninguém ficará com inveja. E a festa começa no acampamento sem que ninguém entre na cidade.

No dia 23, repouso. A partida está prevista para o dia 26. O grosso do exército subirá o Loire até Roanne, bifurcará sobre Villefranche, alcançará Lyon e descerá o vale do Ródano ao encontro de Aécio, que deixou Arles. Um destacamento de gepides e de godos marchará sobre Tours, Poitiers, subirá novamente o vale do Vienne até Limoges e em direção a Périgueux. Se não encontrar os visigodos, Átila mandará lhe dizer se deve continuar sobre Toulouse, ou ir na direção leste se juntar ao exército principal.

À tarde, um bom número de hunos, com Onegese à frente, entra em Orleans. Assustados, os habitantes vêem passar diante de suas portas aqueles mongóis que não se parecem com nada conhecido. Onegese acaba de combinar com o chefe da guarnição a neutralização da cidade. Serão entregues algumas armas para que ela possa se defender, ficando bem esclarecido que seus cidadãos estão proibidos de qualquer apoio aos romanos.

Onegese ainda está em conferência com o governador quando se eleva um imenso clamor. Onegese sobe na muralha. Átila sai de sua tenda. Um grande exército surge ao norte sobre o horizonte da planície de Beauce e um outro a oeste. Aécio e Thorismond, os romanos e os visigodos.

# Esquiva

Átila tem o número a seu favor. Decide imediatamente cair sobre o inimigo. A surpresa vai estimular seus hunos, mestres no ataque total.

Mas os exércitos que se aproximaram não começam nenhuma manobra. Instalam-se para passar a noite. Eles estão esgotados. Marcharam durante muito tempo, muito depressa. Átila reflete: o que fazer? Cair em cima, talvez... Estava nesse ponto quando um destacamento, com carros e balistas, avançou em direção às muralhas, ergueu uma grande tenda, organizou um entrincheiramento, dispôs sentinelas. Assim que a instalação se completou, Átila viu Aécio sair da tenda e adotar uma pose, como para se oferecer a seus olhares.

Átila chama Constant e ordena-lhe que vá se colocar sozinho no alto da muralha bem diante da porta da tenda de Aécio, em cujo umbral o patrício continua plantado propositadamente. Constant voa para a muralha. Aécio reconhece-o, faz-lhe um sinal com a mão. Constant responde, esforça-se para fazê-lo compreender que gostaria de lhe falar. Aécio aprova e prova-o dispensando sua guarda para a retaguarda. Constant desce da muralha, sai de Orleans e os dois homens fecham-se dentro da tenda.

Aécio revela seu plano. Ele não quer lutar. Seu único desejo é que Átila volte para casa pelo caminho mais curto, o que ele tomou para vir. Átila deve partir de noite para não ser visto pelos dois exércitos acantonados diante dele. Será preciso que ele divida suas tropas em dois corpos, sendo que um passará a oeste dos visigodos e o segundo a leste dos romanos, longe das sentinelas respectivas que nada estarão esperando. Os dois corpos se reencontrarão em Bellegarde.

Depois de expor seu plano, Aécio demonstra sua excelência. Ganham os dois lados. Os exércitos permanecem intactos. Aécio terá libertado a Gália de seus "libertadores". Átila terá enganado Aécio escapando-lhe e poderá se dedicar ao restabelecimento da ordem dentro de seu império, uma vez que lá, perto do Volga, a agitação recomeçou. Já é tempo dele aparecer por lá.

Constant faz o relato a Átila. Átila fica contente. Às sete horas, na glória de uma noite de verão bem próximo do solstício, ele anuncia a partida noturna, a divisão em dois corpos e o reagrupamento entre Bellegarde e Beaune-la-Rolande, o grande retorno para o Leste onde os aguardam novas vitórias.

Há alguma coisa de extraordinária nessa obediência do imperador dos hunos ao patrício romano. Ele mobilizou quinhentos mil homens para invadir o império do Ocidente – o mais numeroso exército reunido na Europa desde o começo da História – e, diante do adversário que está bem longe de alinhar um terço desse número e que ele partira para enfrentar, retornou docilmente ao ponto de partida.

Pela segunda vez depois de Constantinopla, com o inimigo ao alcance da mão, ou mesmo à sua mercê, ele vira as costas, recusa o combate, vai embora. Nos dois casos, a influência de Aécio foi predominante, nas no segundo ela foi predominante de tal maneira que Átila se viu anulado. Vá embora, volte para casa, diz o general romano ao imperador dos hunos, e o imperador dos hunos volta para casa com seu enorme exército. O mistério dessa retirada de Orleans ultrapassa de longe o de Brunswick depois de Valmy*, o qual impressionou tanto os contemporâneos que circulou durante muito tempo o boato de que o prussiano teria sido comprado pelos diamantes da Coroa.

O mistério estaria esclarecido caso Átila, diante de Orleans, tivesse se visto preso em uma armadilha, correndo perigo de perder a batalha apesar de seus imensos batalhões. Nesse caso, teria concordado com as instruções detalhadas de seu amigo de infância só para escolher seu terreno. Acrescentar a topografia à sua superioridade numérica para dar o golpe decisivo que lhe daria a Gália, faria os visigodos se

* Brunswick, chefe do exército prussiano em 1792, lançou um ultimato, ameaçando Paris de represálias em caso de ataques à família de Luís XVI. Bateu em retirada depois da batalha de Valmy. (N.T.)

submeterem, abriria a Itália a ele e deixaria à sua mercê o império do Ocidente.

O que poderia ter se passado entre Átila e Aécio quando o primeiro tinha dez anos e o segundo quinze na corte de Ravena e na de Roas? Que pacto teriam selado na idade dos grandes juramentos para que, tornados velhos, nos momentos decisivos, o romano da Panônia dirigisse a esse ponto o huno, fazendo-o não somente se submeter a suas sugestões, como também a suas instruções detalhadas diante de Orleans?

Os romanos constatam de madrugada que os hunos desapareceram. Dois cavaleiros disparam a toda brida em direção ao sul. Eles vão para Roma, informar Valentiniano III de que seu general em chefe é um traidor. Ele tinha os hunos à sua mercê e deixou-os escapar, organizando-lhes a fuga. E eis Aécio inimigo de Roma, apesar de ter acabado de salvá-la.

Átila se dirige a Troyes, ao lado da qual passou na ida. Passa ao largo de Joigny e chega diante de Troyes, que é administrada por seu bispo, o futuro são Loup (protetor de santa Geneviève), de sessenta anos de idade (viverá 96). Ele aguarda Átila no umbral de sua cidade, cercado por seu clero. Átila pára o cavalo na frente dele e manda Constant lhe pedir que se retire e deixe abertas as portas da cidade.

O bispo discute. Por que Átila entraria em Troyes? É uma cidade pacífica de artesãos e lojistas, desprovida de guarnição. Pede-lhe, pois, para poupá-la. Um massacre nada lhe renderia. Declara-se, no que diz respeito a si próprio, pronto a seguir Átila com seu clero, mas pede piedade pela cidade. Lá no alto, ajoelha-se e começa a rezar.

Átila reflete um instante, depois diz a Constant, designando o bispo: "Que ele se levante e nos siga." E ele retoma sua marcha sem entrar na cidade. Algumas centenas de passos mais longe, faz um gesto, pára e manda o prelado de volta para casa. Não fará nada contra Troyes.

De Troyes, os hunos alcançam Arcis-sur-Aube. Lá encontram os gepides de Ardaric, instalados no "acampamento de

Mauriac", no ângulo formado pela confluência do Aube e do Sena. Átila atravessa o Aube para se estabelecer em Châlons e cercanias. Nos dois ou três dias seguintes, aperfeiçoa sua tropa, enquanto aguarda Aécio, cuja vanguarda deve a qualquer momento aparecer, pois o romano o segue com todas as suas forças. Ele não se contenta em mandar vigiar a retirada dos hunos pelos bagaudas aliados, segue-o com todo o seu exército a quatro dias de marcha. Aécio não queria lutar diante de Orleans, agora lutaria em qualquer lugar.

Há qualquer coisa de paradoxal – para não dizer aberrante – nessa segunda parte da campanha das Gálias. Se Átila se viu em perigo diante de Orleans a ponto de seguir em todos os pontos os conselhos de Aécio, este evidentemente deve ter sentido que perderia essa vantagem se deixasse os hunos partirem e escolherem o terreno. Ou então foi Átila que se inquietou por nada, coisa estranha da parte de um chefe como ele.

Ele está inquieto, os fatos provam. Agnóstico radical, apela para todos os xamãs, adivinhos, áugures, mágicos e vaticinadores que acompanham seus bandos, chamando-os para uma grande festa divinatória. Quanto a ele, é provável que não espere revelação, mas as gesticulações desses médiuns são muito valorizadas pelos pagãos que compõem a esmagadora maioria de suas tropas.

Na praça principal de Châlons vai acontecer durante horas um pandemônio de inspirados se confrontando, cujo somatório de ações fará recuar os limites da credulidade. A histeria é geral, os sacrifícios se encadeiam, os sortilégios se sucedem e as profecias mais obscuras inflamam as imaginações superexcitadas em um odor de sangue, de excrementos, de ossos e de ervas mágicas queimadas para decifrar suas cinzas.

São necessárias ordens enérgicas para fazer cessar a confusão. Depois disso, os videntes principais, os chefes de ritos de variados tipos retiram-se para deliberar e designar um porta-voz que responderá às perguntas imperiais. O porta-voz é o decano deles.

Átila faz uma única pergunta:

"Posso ser derrotado?"

"Sempre é possível", responde o velho, "mas ao longo do próximo combate é o seu pior inimigo que será morto."

"Quem é meu pior inimigo? Eu mesmo..."

Átila sabe disso há muito tempo. Mas não tem o direito de se deter nessa sutileza. Por ora, é Aécio. Seja como for, não há mais nada a fazer além de aguardar a batalha.

# Os campos cataláunicos*

Os gepides de Ardaric, primeiros a chegar e se instalar no "acampamento de Mauriac", são os sentinelas do conjunto da tropa. Serão os primeiros a ver o inimigo. Sua missão é impedi-lo de passar por Arcis durante o tempo que for possível.

Mas eles não vêem ninguém chegando e vão ser inteiramente surpreendidos. Os francos de um certo Meroveu – rei franco sálio, filho ou genro de Clódio, o Cabeludo, fundador dos merovíngios e avô de Clóvis – caem sobre eles com o machado na mão. Os bravos gepides, os mais bem-treinados na ordem rígida de todos os contingentes de Átila, contra-atacam desordenadamente e são cortados em pedaços. Dez mil gepides teriam morrido contra dois mil francos. É a primeira matança da batalha dita dos acampamentos cataláunicos, descrita durante séculos na Europa como a salvação do Ocidente.

Passado o choque, os dois chefes comportam-se como guerreiros sensatos. Decidem uma trégua. Meroveu não busca o extermínio dos gepides; contenta-se em vê-los na margem norte de Arcis. Ardaric, que conseguiu, apesar de suas perdas, estabelecer uma linha sólida ao sul do Aube, aceita a proposta. Os francos ocupam o acampamento de Mauriac.

Ardaric e o restante de seus gepides dirigem-se para Châlons. Encontram batedores ostrogodos, depois uma grande tropa de hunos marchando em socorro. Ardaric confirma-lhes que os francos estão ali, e se estão, Aécio e os outros não podem estar longe. Os hunos param, aguardam ordens.

Átila remaneja sua tropa. É preciso obrigar Aécio a alongar a sua ao máximo para que suas linhas fiquem mais estreitas e mais fáceis de atacar.

A planície que se estende ao sul de Châlons é para Átila a chave da batalha. Reserva-a para si. À sua esquerda, ele coloca Valamir e seus ostrogodos. À sua direita, Ardaric e seus gepides. Na extrema direita, Berik não perde de vista os akatzires e os gelonos.

---

* Os cataláunicos formavam o antigo povo da Gália bética (Bélgica). (N.E.)

À frente, Aécio toma a ala esquerda com seus galo-romanos, diante dos gepides. O centro é confiado ao burgúndio Gondioc e ao vencedor de Arcis, o franco Meroveu, assistidos por alguns bagaudas e alanos de Sangiban, atrás do qual foram alinhados armoricanos que não lhe permitirão deixar o acampamento, pois Aécio desconfia dele tanto quanto Átila teria desconfiado.

A ala direita é de responsabilidade dos visigodos sob o velho Teodorico e seus dois filhos, Thorismond, o Agitado, e Teodorico II, o Prudente.

Aécio prevê no centro uma investida maciça de Átila contra os alanos de Sangiban, que o traíra. Estima que ela terá perdido muito de seu ímpeto ao chegar diante dos bretões, que podem bloqueá-la. Ao mesmo tempo em que formações designadas de visigodos, de galo-romanos e de francos vão se destacar de suas alas, girar um quarto de volta e atacá-los pelos flancos, completando o cerco. A manobra era célebre. É a de Cannes em 216 antes de Cristo, quando Haníbal quebrara a resistência do poderio romano, mas não soubera tirar proveito disso.

Átila parte ao ataque contra Sangiban. Aécio exulta. Contudo, Thorismond deixa sua posição na ala direita e se precipita sobre os hunos com sua cavalaria, investindo tão violentamente contra eles que estes recuam, sem ser perseguidos. Átila, segundo Jordanes, que escreveu cem anos depois dos fatos e que se inflama de boa vontade, crê ser necessário arengá-los para trazê-los ao combate. Thorismond estaciona sobre o terreno recuperado. Os dois Teodoricos, o pai e o irmão, apressam-se para se juntar a ele.

Galvanizados por seu imperador e reforçados pelos ostrogodos, os hunos retornam inflamados antes de os visigodos darem início à sua movimentação. Atacam Thorismond, atacam Sangiban, que foge na mesma hora, abrem uma brecha nos armoricanos, que começam a fraquejar, quando Átila percebe a movimentação do próprio Aécio, que faz girar sua ala esquerda para se abater sobre ele, enquanto os dois Teodoricos o atacam sobre o outro flanco e Thorismond, revigorado, manobra para lhe impedir a retirada.

Em um esforço supremo, faz os armoricanos recuarem e se lança para o oeste em direção de Revigny para se recuperar, debilitando os visigodos dos dois Teodoricos, deixando-os em completa desorganização. Thorismond, indomável, põe seus homens no encalço de Átila, seguido de Aécio, que não sabe mais a que santo apelar e mantém suas legiões inertes, enquanto Átila se afasta.

Com uma forte guarda, Átila dirige-se para o recinto dos carros instalados por ele no vale do Ornain, com Thorismond nos calcanhares. Uma parte de seus homens se precipita dentro do recinto, os outros se dividem em duas massas que vão se colocar de um lado e de outro. Thorismond avança para o recinto sem pensar em nada a não ser cair sobre os hunos. Em um instante, flechas e dardos o transformam em almofada de alfinetes. Os seus o recolhem, atiram-no sobre um cavalo; agora é preciso sair da armadilha. A tropa de visigodos, cercada pelos hunos, derrete como neve ao sol, enquanto Thorismond agoniza.

Mas burgúndios e francos se aproximam. Átila não se preocupa em ter de lutar em duas frentes. Ordena que deixem passar os visigodos cercados. Os hunos se afastam, os visigodos precipitam-se pela brecha e fogem com seu chefe moribundo. Não irão longe.

Átila ordena que sejam atacados pelos dois destacamentos do exército que flanqueiam os carros, que não dão um tiro há horas e não pedem outra coisa. Enfrentar outra vez ou morrer, os visigodos de Thorismond não têm outra escolha. A chegada dos francos e dos burgúndios fazem subir seu moral.

Enfrentam juntos a maré fresca e desenfreada de hunos e ostrogodos. Os ostrogodos e os visigodos se detestam desde sempre; por isso, os homens de Valamir atiram-se de corpo e alma contra o que resta de visigodos. Thorismond é evacuado ainda vivo para Châlons.

Aécio superou seu momento de fraqueza. Enfrenta agora os gepides, os akatzires e os gelonos comandados por Berik. Os gelonos armados de foices gigantes decepam as pernas dos cavalos romanos, mas são repelidos pelas lanças dos cavaleiros. Fica assim demonstrada pela milésima vez a superioridade, em uma confusão, dos golpes de ponta sobre os golpes de corte, mais lentos e exigentes de espaço: o corpo-a-corpo inviabiliza os grandes movimentos corporais laterais ou verticais que decerto multiplicam a força do golpe, mas descobrem aquele que o aplica, oferecendo-o por assim dizer à ponta da arma de seu adversário. E o que fazer com uma foice gigante onde falta lugar para dar-lhe o impulso?

Há horas se luta. Seis horas, oito, dez, mais? Não se sabe ao certo. Os homens que se enfrentam têm certamente, em relação a seus irmãos do século XXI, uma resistência inimaginável: músculos de aço, pulmões de ferreiro, uma mente de ferro... Além disso, para todos eles, mercenários inclusive, a guerra é o divertimento supremo, a porta da glória e do paraíso.

"Todos os homens buscam ser felizes", escreveu Pascal ainda no século XVII, "não há exceção para isso [...] o que faz com que uns vão para a guerra e outros não é o mesmo desejo, acompanhado de diferentes visões [...]". Pois bem, todos os que se agitavam nesse mês de julho sobre os campos cataláunicos eram os que encontravam sua felicidade na guerra. Era o espírito da época.

Mas há limites para as forças humanas, principalmente porque a alimentação desses combatentes, longe das perfeições dietéticas modernas – os hunos só comiam carne, crua ou cozida, e bebiam como esponjas –, não lhes permitia obter de si mesmos o melhor rendimento.

Seja como for, eles se engalfinhavam com furor há horas, estavam cansados, as lanças apontavam com menos vigor para o peito do inimigo, os porretes caíam mais lentamente sobre os crânios, as espadas estavam menos seguras no punho. Isso nos dois campos. E o massacre cessou dos dois lados.

# Adeus, Gália

Átila, seus hunos e seus ostrogodos iniciam uma retirada furtiva. Quase imperceptível no começo, torna-se precisa porque, do outro lado, o mesmo movimento se pronuncia: francos, burgúndios e os últimos visigodos também tratam de dar um passo para frente e dois para trás. Uma *no man's land* – coberta de mortos de todas as etnias da Europa, da Ásia e de numerosos espécimes de africanos, caídos estes últimos nas fileiras romanas – logo separa os adversários que arquejam e enxugam da testa o suor misturado com sangue.

A distância cresce lentamente entre as duas massas, com a velocidade reduzida pelos feridos que ainda se mantêm de pé, sustentados de qualquer jeito. Quando não se tem mais dúvida de que por hoje está tudo acabado, um pavoroso clamor sobe ao céu do lado dos visigodos. Eles choram seu rei Teodorico, deão dos seiscentos mil homens que tomaram parte na batalha. O velho Teodorico morreu, foi morto ao atacar o flanco esquerdo dos hunos, logo no começo da batalha. Os seus acabam de descobri-lo sob o amontoado de guardas, abatidos ao tentar defendê-lo.

Átila, ao ser informado, lembra-se: esta foi a causa da agitação que ele observara entre os visigodos no instante em que ele dera meia-volta para ir em direção ao seu recinto de carros. Teodorico era muito velho, sua morte não deixava de ser uma coisa boa, tanto mais que Thorismond, o mais inflamado de seus filhos, estaria praticamente na mesma situação.

E Aécio? Infelizmente, Aécio vai bem. Ele inclusive dispersou os akatzires e os gepides.

Seriam 160 mil os mortos e feridos, cuja maior parte deveria morrer nos dias seguintes – a medicina era sumária naquele tempo, e um costume dos hunos muito difundido consistia em suicidar-se quando os ferimentos eram muito graves. Dezenas de milhares de cavalos também tombaram.

O rio Aube ficou vermelho de sangue. As piores batalhas do Império ficarão longe desse resultado, apesar da invenção da pólvora e dos progressos dos armamentos nas mãos de populações muito mais importantes. Somente a metralhadora permitirá um dia desclassificar a arma branca.

Ainda não se sabe como as perdas se repartiram. Quantos hunos, quantos romanos, quantos gauleses, galo-romanos, ostrogodos, visigodos, gepides, gelonos, hérulos e alanos...

A batalha dos campos cataláunicos foi a mais gigantesca batalha travada no Ocidente, da pré-história à Grande Guerra. Leipzig, em 1813, que os alemães ainda chamam de batalha das Nações, não passou de uma rixa em comparação. A Europa Ocidental viu nela sua salvação, bem mais do que o Império Romano que, de império, há muito tempo só tinha o nome. Foi o bastante para atiçar as imaginações e fazer desencadear as penas dos cronistas contemporâneos, cuja maior parte apresentou cifras bem mais assustadoras de combatentes e de perdas.

A limpeza do campo de batalha coube ao futuro são Loup. O bispo de Troyes assumiu o encargo assim que se retiraram as diversas hordas que haviam se exterminado entre o Sena e o Aube, das falésias da Champagne e da floresta de Othe aos confins de Argonne. O choque central de Átila e Aécio tinha sido acompanhado por uma infinidade de combates periféricos que espalharam a morte por um espaço imenso. Por um quadrado de cem quilômetros de lado, sulcado ao acaso por bandos adversários que nada sabiam uns dos outros a não ser que, encarando-se, era preciso se destruir. Foi ao que se dedicaram de todo coração.

Antes de se afastar, os exércitos regulares apressadamente empilharam seus cadáveres e cobriram-nos de terra, elevando assim grandes túmulos. Mas a terra era muito fina sobre os mortos para que aquelas espécies de silos ficassem estanques e a decomposição se fizesse em fossa vedada. A facilidade que os animais selvagens devem ter encontrado para desenterrá-los e sua própria fermentação, acelerada pelo calor, propagaram epidemias de que a Champagne não precisava depois dos massacres que acompanharam o avanço de Átila e a provação extrema dos campos cataláunicos.

Viam-se por todo lado bandos que tinham se embatido, freqüentemente não longe do grande combate; os vencedores desses enfrentamentos incoerentes, que iam da escaramuça à batalha de fileiras, tratavam em geral de dar a seus mortos algum tipo de sepultura, mas os dos vencidos, cujos sobreviventes fugiam, eram deixados ali mesmo. Então, por toda parte, havia corpos abandonados apodrecendo ao sol de julho. A data que parece hoje a mais verossímil para a grande batalha seria a de 4 ou 5 de julho, porém os homens se estriparam aproximadamente durante uma semana dentro do perímetro eleito pelo imperador dos hunos.

As equipes de coveiros e limpadores despachados pelo bispo de Troyes levarão semanas para devolver à região um aspecto normal. Eles queimaram muitos cavalos e também homens mortos, principalmente os dos túmulos que precisaram ser abertos e purificados pelo fogo. A limpeza dos rios seria a outra grande questão. O Aube ficou tão cheio de mortos que inundou os campos.

Interrompido o combate, os visigodos, que sem dúvida foram os que mais sofreram, serão os primeiros a deixar os campos de batalha. Vão render imediatamente as últimas homenagem a seu rei morto e proclamar como sucessor o filho Thorismond, embora este continue entre a vida e a morte, ou talvez por causa disso. Em seguida, três dias após o final do grande massacre, deixam à noite o terreno de sua provação e vão recuperar forças entre Sézanne e o começo do vale do Somme, antes de partir de novo para a sua Aquitânia.

Átila, no dia seguinte, parte para longe, para o norte de Châlons, no atual campo de Mourmelon. Os francos vão segui-lo numa vigilância longínqua.

Dois dias mais tarde, os burgúndios de Gondioc movem-se em direção a Chaumont pela rota de sua Borgonha.

Aécio ergueu seu acampamento entre o Marne e o Vière. Mandou equipes cavarem fossas comuns no atual campo de

Mailly e enchê-las com seus mortos. Um número muito grande de esqueletos serão encontrados no local quinze séculos mais tarde. Em seguida, quatro dias depois dos burgúndios, transformado em dono do campo de batalha dada a deserção geral, ele toma o caminho de Orleans com suas legiões.

Dezesseis séculos mais tarde, o mistério perdura. Qual o motivo dessa partida de Átila, que comandou todas as outras? Na hipótese impossível de que todas as perdas tivessem ocorrido do lado dos hunos, ele ainda teria 350 mil homens para se oporem a menos da metade. A muito menos da metade: os visigodos tinham sido assustadoramente brutalizados, as legiões e os francos tinham sofrido muito, ninguém estava indene. O balanço do imenso esforço da Ásia contra a Europa não fora desvantajoso. Mesmo assim, Átila foi embora. Voltou, invicto ou até mesmo intacto, para o Reno e o Danúbio.

Muito se perguntou se a resistência gaulesa não o teria feito refletir. Se não o teria inquietado penetrar mais a fundo numa região cujos habitantes se defendiam com tanta violência que ele não podia se imaginar sendo bem-vindo. Ele não conseguira se conciliar com ninguém, a despeito de sua diplomacia, que em todos os outros lugares lhe valera tanto sucesso. Os alanos, instalados no coração da Gália, o haviam traído; os bagaudas, tão hostis aos romanos, tinham recusado sua amizade; os visigodos não tinham se deixado seduzir. Ninguém o aceitara. Ademais, o terror exemplar que devia aniquilar o espírito de resistência não havia surtido o efeito esperado. Os massacres de Metz, de Laon e de Reims não tinham servido para nada. Aliás, tinham sido um desserviço... Apresentar-se como libertador e exterminar os libertados era contraditório.

Talvez tivesse que agir de outra forma, teria dito Átila para si. Refletir antes de voltar a novos esforços, novos métodos. É plausível. A obsessão do Ocidente não o deixaria. Talvez estivesse disposto a voltar.

Mas também é verdade que, ao abandonar os campos Catalônicos, Átila estava indo embora com toda as suas forças

– todas as que lhe restavam e que continuavam enormes –, ao passo que Aécio vira partirem todos os seus aliados: bagaudas, burgúndios, visigodos e francos (não havia mais alanos para abandoná-lo, estavam todos mortos, esmagados pelos hunos contra os bretões). Aécio não dispunha senão das magras legiões que seu detestável imperador Valentiniano III havia consentido em lhe confiar para salvar seu império.

Tanto é que a estimativa, arriscada acima, das forças presentes depois do grande choque de 4 ou 5 de julho de 451 na Champagne deve ser revista drasticamente. A relação não seria mais de três contra um em favor dos hunos, mas de quatro ou talvez cinco contra um. Não se conhece outro exemplo na História de uma moderação semelhante à de Átila. Que amor, que cálculo, que melancolia fez com que ele tivesse tomado o caminho de volta?

Compreende-se muito bem por que Aécio, enfraquecido por suas perdas e pela partida dos aliados, não o perseguiu.

De Châlons até o Reno, Átila, segundo Priscos[16], deixou atrás de si oito a nove mil mortos dos campos cataláunicos, que serão rapidamente enterrados "nas margens suaves dos rios". Os francos que os acompanharam deixaram o mesmo rastro, mas eles puderam confiar seus feridos aos monastérios que pontuavam o caminho.

# Ruminações

Depois de atravessar o Reno sob os olhos dos batedores de Meroveu, que não iriam muito mais longe, Átila reuniu suas forças na região de Stuttgart para um grande inventário que seria seguido de uma conferência geral.

Edecon, Onegese e Oreste estavam lá. Berik não estava presente, não se falará mais dele. Não é improvável que tenha sido morto na Champagne.

Átila dá o tom. Não vamos ficar ali, vamos voltar à Gália, porém há algo mais urgente: a Itália, sede do império do Ocidente e próximo objetivo. A decisão foi tomada antes do retorno ao Danúbio natal, na fronteira inimiga.

As notícias são boas. Aécio esperava talvez as honras do triunfo romano por ter induzido Átila à retirada. Está decepcionado. Ao chegar diante de Ravena com seu exército, que o considera o maior capitão de seu tempo, o imperador sequer o recebeu.

Aécio se inquieta, se informa: traiu pela segunda vez. Os campos cataláunicos foram a repetição de Orleans. Aécio deixou pela segunda vez escapar Átila, que estava à sua mercê. Ele é cúmplice do huno.

Um abismo se abre sob os pés do candidato ao triunfo. A calúnia, não é a primeira vez que acontece. Valentiniano o detesta, Aécio sempre soube disso, mas o imperador sempre precisou dele. Poderia não precisar mais?

O favorito de Valentiniano, Maxime Petrone, veio vê-lo e confirmou tudo. O vencedor dos campos cataláunicos é um traidor em Ravena.

Átila foi rapidamente informado. O destino está do seu lado. Valentiniano trabalha para ele. Fez muito bem de atravessar o Reno!

Decidiu embrenhar-se pessoalmente no leste com o objetivo, pela terceira vez, de restabelecer a ordem entre o Vístula e o mar Cáspio. Mandou buscar o filho Ellak e lhe forneceu todos os meios de reinar em seu lugar sem transtornos entre o Don e o Cáucaso. Onegese o dissuadiu: ele era insubstituível contra o Império Romano. Onegese se propôs a ir no seu lugar, mas ele lhe respondeu da mesma maneira: "Preciso de você aqui mesmo". Onegese ficaria montando guarda ao longo do Reno e diante dos Alpes enquanto ele estivesse na Itália. Edecon também; ele reforçaria a artilharia. Oreste iria para o Leste e deveria andar rápido se quisesse ir à Itália, o que era seu mais caro desejo. Caso contrário, Átila partiria sem ele.

Oreste, excitadíssimo, movimenta-se. Vai passar um tempo na Rússia para reconciliar os "homens dos campos" e os "homens das florestas": greutunges, variedade de ostrogodos, e tervinges, variedade de visigodos. Os primeiros queixam-se dos segundos por irromperem de suas matas para destruir e roubar suas culturas. Deve ainda acalmar os roxolanos, agitados e ardilosos, que permanecerão preocupantes. Com a chegada dele, as tribos caucasianas e caspianas entraram em paz com o conjunto. Somente os alanos não puderam ser exortados, continuando a praticar a esquiva.

Átila desceu em direção à Itália por Sirmium, sobre o Save, na Panônia inferior. Depois foi montar o cerco diante de Aquiléia, a praça mais forte de toda a península, a nordeste de Veneza, no fundo do Adriático, reputada inexpugnável. Tomada Aquiléia, deixou ali um destacamento do exército para prevenir qualquer intervenção do império do Oriente, que teria sido chamado para socorrer e talvez fizesse um esforço.

Venécia, Ligúria, Etrúria serão as etapas seguintes de sua progressão até Roma, que ele reservou para si em pessoa. Depois disso, em função das circunstâncias, talvez suba de novo até Aquiléia para se juntar ao contingente deixado lá e a seguir, todos juntos, marchar sobre Constantinopla, onde não é proibido sonhar em entrar. Grandiosa proeza será entrar, uma de cada vez, nas duas capitais do Império Romano!

Com esse plano traçado, é importante recrutar aliados. A esse respeito, como sempre, as dificuldades se acumulam. Os ostrogodos são fiéis, mas estão cansados por causa da campanha das Gálias e almejam descansar por algum tempo no Tisza, onde prosperam, antes de transpor os Alpes. Valamir, seu rei, grande amigo de Átila, vai lhe enviar um contingente, mas a grande massa de colossos ostrogodos, que jamais se acovardam, não comparecerá ao encontro.

O gepides da Dácia – Romênia de hoje – são também fiéis, e Ardaric, seu rei, é um grande admirador do imperador dos hunos. Contudo, as perdas foram pesadas na Gália, e a Dácia, assim como o Tisza, tem encantos dos quais não querem se afastar demais. Fornecerão um contingente, mas a pesada infantaria gepide que sabe se fazer temer pela legiões não se apresentará em massa.

Os hérulos da Hungria setentrional lutaram como leões na Gália, porém os chefes dos que ficaram guardando a casa brigaram entre si com tanto rancor que o exército, ao retornar, explodiu em tantas facções quanto clãs. Instalou-se a anarquia entre os hérulos. Átila terá que desistir deles.

Poucos aliados, portanto, mas não importa. Ao ataque da Itália!

Durante esse tempo, Aécio tem preocupações. Teme o retorno de Átila, vê a Itália pouco defensável e aconselha Valentiniano a se instalar com sua corte, para sua segurança, na Gália. Em Tours, em Blois, em Orleans... Para se aproximar dos francos, que foram tão eficazes nos campos cataláunicos.

O conselho provoca um protesto clamoroso. Valentiniano não vai se mexer sob nenhum pretexto. Aécio então o conjura a pelo menos deixar Ravena. Ravena não é um bom lugar. Os charcos que a protegem podem também ser utilizados para se aproximar dela. O imperador deveria ir para Roma. A idéia de se refugiar em Roma não era escandalosa para um imperador romano. Valentiniano não teria se oposto. No entanto, as fortificações de Roma estavam em ruínas. Aécio recebeu plenos poderes para repará-las. Partiu para Roma imediatamente. Vários meses de um trabalho louco devolveram às muralhas da Cidade Eterna seu poderio e seu esplendor. O imperador poderá vir, não há nada a temer.

Aécio vai então para Constantinopla a fim de buscar ajuda junto a Marciano. Insistir numa defesa comum contra o imperador dos hunos. Marciano não vê necessidade. A seus olhos, o império do Oriente está ao abrigo de qualquer perigo. Aécio gostaria de envolvê-lo na proteção de Aquiléia. Marciano não vê Aquiléia em perigo. Átila não iria até lá. Mesmo que fosse, não iria aplicar-lhe o cerco. Aquiléia é inexpugnável. Ele passará ao largo, descerá direto para Roma.

Não há socorro imediato para o império do Oriente. Se Átila chegar, Aécio poderá contê-lo sobre o rio Pó e então ele, Marciano, interviria no norte. Ele se veria apanhado entre dois "fogos". Mas Marciano não acredita nisso. Átila não teria essa audácia. Quando ele lhe recusou o tributo aceito pelo Calígrafo, Átila não reagiu. Marciano pensa tê-lo domado. Pode ser, pensa Aécio.

# Testamento

Janeiro de 452. Átila reúne seu conselho em Buda. Onegese, Edecon, Oreste e Esla, vindos das bordas do Cáspio. Informa-os que está doente. Há vários meses não se sente bem. Indigestões, vômitos, enxaquecas ferozes, intermináveis hemorragias nasais, tem cuspido sangue, tido desmaios. Seus três médicos, o gaulês, o grego e o huno, o sangram com freqüência; isso o alivia, mas o enfraquece. Enviou Oreste para o leste por medo de abusar de suas forças caso fosse em pessoa.

Consternação entre os fiéis.

Porém, agora está melhor. Muito melhor. Não está excluída a hipótese de curar-se, mas nunca se sabe. A apoplexia não é impossível. É preciso preparar o futuro do império com o qual, amanhã, apenas a China poderá ser comparada.

Um detalhe: seu sucessor será seu filho mais velho, Ellak; será assistido por Onegese; terá que se movimentar muito para assegurar a coesão do império, visitar periodicamente todas as suas partes, reinos e províncias. Ernak, o mais jovem dos filhos, reinará sobre a Gália e a Itália, que serão conquistadas. Edecon será seu mentor. Quatro outros filhos, Uzindur, Denghizikh, Gheism, Emnedzar, recebem como apanágio territórios específicos. Pela ordem: do Oder ao Dnieper; do Dnieper ao Volga; da Panônia ao Mar Negro; do Volga ao mar de Aral e até os confins orientais do império. Se Ellak morrer, Ernak será o imperador. (Um adivinho previu que Ernak seria o último de seus filhos a desaparecer.)

Os fiéis prestaram juramento de respeitar tais decisões. Uma festa foi dada no dia seguinte em que Átila anunciou a data da grande partida, 20 de março, de Sirmium.

# Leão, o Grande

> A torrente de hunos atravessou os desfiladeiros dos Alpes. O senhor é o comandante do império e o único capaz de salvá-lo.[17]

A mensagem de Valentiniano foi levada por dois grandes dignitários acompanhados de uma guarda de honra. Aécio salta sobre o cavalo. Parte para Roma, tendo enviado um oficial a Ravena para solicitar ao imperador que venha encontrá-lo. Roma vai conseguir resistir dentro de seus muros novos.

De Roma, ele escreve a Marciano, informando-o de que vai se estabelecer ao sul do rio Pó e conclamando-o a impedir a retirada dos hunos. Escreve também a Avitus, suplicando-lhe que peça a participação dos visigodos pela segunda vez. Porém, desde os campos cataláunicos, os visigodos estão se matando uns aos outros, e Avitus não vai sair do lugar.

Ele dispõe suas tropas ao sul do Pó. A tarefa é contraditória: estabelecer a linha mais longa e mais profunda possível. Depois reforça a guarnição de Aquiléia e de alguns outros locais. Ao norte do Pó, não há nada.

Em sua *Crônica* do ano de 452, Prosper da Aquitânia escreverá: "Os habitantes, paralisados pela angústia, estavam sem condições de se defender"[18].

Átila passa por Liubliana na Croácia (naquele tempo, Nauportus), transpõe os Alpes Julianos, extermina a guarnição do campo conhecido como Rio Frio, que vigiava a extremidade do desfiladeiro, inclusive os prisioneiros, avança sobre a "barreira" do Sontius, segundo escalão das posições romanas a cavalo sobre o rio Sontius, o Isonzo de hoje em dia. A "barreira" é atualmente Gorízia, depois de ter sido Goritz da Áustria-Hungria.

A barreira é derrubada muito depressa, e sua guarnição massacrada como a do Rio Frio. Depois de Isonzo, não há mais obstáculo entre os hunos e a Venécia. Venécia, antes de

Veneza, onde tudo foi devastado. Depois Átila se volta contra Aquiléia, deixada para trás sobre sua península que divide o Adriático entre a Dalmácia e o cordão de lagunas, onde três séculos mais tarde começará a se elevar a Sereníssima*.

Aquiléia ganhara o nome de Inexpugnável após a derrota do visigodo Alarico, que havia pilhado Roma em 410. Era o mais belo porto do Adriático, uma grande praça comercial e a porta da Itália quando se vinha do nordeste. O cerco começou. No final de um mês, nenhum progresso, e o mundo está de cabeça para baixo: são os sitiantes que passam fome. Devastaram de tal maneira os campos vizinhos que não encontram nada para comer. Átila expede até muito longe esquadrões de forrageadores que trazem apenas ninharias. Os sitiantes, de estômago vazio, são assaltados pela cólica. Ouvem-se os doentes gemendo até o centro de Aquiléia.

Um outro mês se passa sem progresso. Átila cogita de levantar o cerco, como Alarico havia feito sem deixar de tomar Roma. Mas ele vê um vôo de cegonhas deixando a cidade em direção ao campo. É um presságio. A cidade está condenada. É preciso se obstinar.

Os dias passam. Os diarréicos são alimentados com leite de jumenta que restaura seus intestinos. As catapultas continuam a catapultar. Os sapadores a sapar. Enfim, um encorajamento decisivo, um primeiro muro, mesmo que só de cobertura e cuja queda não dá acesso a nada, desaba.

Contudo, não há com que se rejubilar: estão bloqueados ali há três meses e o imperador do Oriente despertou. Marciano enviou legiões a Mésia. Não há mais um segundo a perder. O bombardeamento redobra. As equipes de sapadores são reforçadas. Finalmente, verdadeiras muralhas desabam. Grande parte dos sitiados fogem para o oeste ao longo da costa, na direção das lagunas onde será Veneza. Os hunos entram em Aquiléia e matam todos os outros por ordem de Átila, como exemplo, uma vez mais. Eis o que se ganha resistindo a ele.

O massacre não basta, Aquiléia é arrasada.

---

* *A sereníssima república*: a república de Veneza. (N.T.)

A notícia enche de pavor o vale do Pó. Cem cidades – Altino, Pádua, Vicenza, Mestre, Arcole, Este, Rovigo, Ferrara – que estão ao sul do Pó são evacuadas por seus habitantes, que vão se esconder dentro das lagunas. Outros abrem suas portas e pedem clemência. Não há clemência. Morte para todo mundo.

Os hunos se espalham na Lombardia, no Piemonte e na Ligúria. A devastação é metódica. Mântua, Verona, Castiglione, Cremona, Bréscia, Bérgamo, Lodi, Pávia, Milão, Como, Novara, Vercelli, Cigliano, Mortara, Magenta, Vigevano serão saqueadas. Aécio não se move. Permanece ao sul do Pó, considerando-se fraco demais para prestar socorro às vítimas de uma nova ação de aniquilamento na Europa.

Aécio não se move, Onegese se move: atravessa o Pó tranqüilamente entre Cremona e Piacenza. Átila conclama suas hordas ao sul de Mântua, na confluência do Pó e do Míncio, na estrada que leva atá Roma pelos Apeninos. O agrupamento requer semanas devido à dispersão dos massacradores por toda a Itália do Norte. É concluído por volta de 20 de junho de 452. E Átila declara que vão ficar ali. Estupor nas fileiras. E Roma então?

Um mesmo estupor teria acometido Aécio quando ficou sabendo da travessia do Pó por Onegese. Tão logo voltou a si, tomou duas decisões: ir atrás de Onegese e, sobretudo, desmembrar sua tropa para concentrar suas forças na espera de Átila, pois está persuadido de que Onegese comanda a vanguarda dos hunos e de que Átila vai surgir atrás dele com o grosso de seu exército. Reúne às pressas poderosos efetivos entre Cremona e Piacenza, por onde Onegese passou. De fato, por onde ele passou?, inquieta-se ainda mais. Seus caçadores retornam sem nenhuma informação, ou não retornam.

Onegese, para enganá-los, enviou soldados em todas as direções, inclusive as mais improváveis – voltar na direção do Pó, por exemplo, em vez de marchar para o sul. Esses soldados não se contentam com seu papel de iscas. Instalam-se em emboscada, esperam seus perseguidores e os cortam em pedaços. Uma espécie de guerrilha galopante é imposta a Aécio por hunos inatingíveis. Ele mobiliza toda sua cavalaria da margem sul do Pó para reforçar as perseguições e os reconhecimentos, para conhecer afinal os movimentos de um inimigo que lhe escapa por completo. Em vão.

Onegese se multiplica sobre as retaguardas romanas. Está em todas as partes ao mesmo tempo e em nenhuma parte. Concentra em um determinado ponto, ostensivamente, forças aliciadoras: calculadas para que os romanos tenham certeza de poder combatê-las se aplicarem os meios. Os romanos se precipitam, numerosos, e não encontram ninguém. Os hunos se dispersaram, evaporaram-se na paisagem. Aécio não sabe mais para onde se dirigir.

Assinalam-lhe finalmente na Emília, ao sul de Parma, a existência de uma concentração numerosa demais para o jogo de esconde-esconde. Informam-no de que essa força tomou o rumo de Carrara, com o objetivo evidente de costear o Mediterrâneo para ir a Roma. Aécio, muito preocupado, manda descer o grosso de suas forças do Pó em direção à Etrúria, que é nos dias de hoje a Toscana.

Onegese concentra seus contingentes entre Carrara e Massa. Talvez não seja senão o prelúdio da marcha sobre Roma... Mas Onegese uma vez mais dispersa suas tropas, de Massa e Carrara até Pisa e Florença, como se quisesse limpar a região antes de marchar na direção da capital do império. Aécio não sabe mais para qual santo apelar. Está errado em se atormentar: Átila não deixou Mântua.

Não deixou Mântua por três razões: a doença, o esgotamento, o pânico em Roma.

Primeiro: na segunda quinzena de junho, os calores da planície pantanosa do Pó desencadearam novas febres e cólicas que desarmaram uma parte dos hunos.

Segundo: os davastadores do Piemonte, da Lombardia e da Venécia voltaram extenuados de suas devastações (eles cometeram todos os excessos a que a riqueza daquelas províncias convidava, e o transporte de um butim enorme completou seu esgotamento).

Terceiro: Roma está prestes a capitular. Roma ensandeceu. Valentiniano e seus conselheiros sequer imaginam que Aécio possa deter Átila. Resta apenas tentar evitar o pior. Conseguir, seja qual for o preço, que ele poupe Roma.

Decidem enviar uma embaixada para perguntar a ele quais são suas condições. Carregada de presentes suntuosos para o invasor, essa delegação tem como primeira instrução não se mostrar orgulhosa. Será preciso suplicar e aceitar o desembolso de um tributo anual que pode ser considerável. Mesmo assim, ele poderá exigir mais vantagens territoriais.

Quem enviar em embaixada? Aécio, naturalmente. Mas Aécio se recusa. Uma delegação do Senado? Reúnem o Senado. O Senado, unânime, está de acordo em compor. Senadores são designados. Mas se preocupam: e o povo? O que o povo vai pensar? Ele pode se acreditar traído pelo imperador e pelos ricos. Convocam o povo em assembléia geral. Expõem-lhe a ameaça que se aproxima: a destruição de Roma e o extermínio dos romanos. O que quer o povo? A paz ou a guerra?

A paz!

O povo prefere esperar Átila ou enviar a ele uma embaixada?

Uma embaixada!

O Senado se reúne na presença do imperador. Quem dirigirá a embaixada? Teme-se mais do que tudo que Átila não receba ninguém. O próprio imperador talvez não fosse recebido... Um eminente senador, Genádio Avieno, levanta-se:

"O papa será recebido", diz.

Ninguém tinha pensado nisso, todo mundo aprova.

Quem é o papa? É um toscano de cerca de setenta anos que se chama Leão. Leão I. Dentro em breve Leão, o Grande, mais tarde são Leão.

Ele é papa há doze anos. Filósofo de formação, combate as heresias – maniqueísmo, priscilianismo, monofisismo – com uma inteligência e uma energia impressionantes. O monofisismo, para o qual Cristo era apenas um homem, era a mais perigosa. Ele triunfou sobre ela magistralmente.

Três anos antes, em 449, publicara sua *Carta dogmática* para esclarecer a doutrina católica sobre a unidade da pessoa e a dualidade das naturezas de Cristo, que é Deus e é homem. No ano precedente, em 451, convocara o concílio de Calcedônia, que fulminara o monofisismo.

Leão I aceita a missão que lhe é proposta em nome do imperador por Genádio Avieno e um outro senador, o prefeito Trigetio.

O encontro terá lugar no dia 4 de julho. Alguns dias antes, o papa enviou um bispo até Átila, escoltado por alguns diáconos a cavalo como ele, portadores do estandarte pontifical e de uma cruz de prata – o estandarte que certifica que o mensageiro representa de fato o soberano pontífice. Chegando à ponte de Mântua, o bispo se deparou com Aécio, que montava guarda com suas legiões. O general ficou surpreso com aquela embaixada do papa para o imperador dos hunos. Do que se trata?, pergunta ao bispo. O bispo não sabe. A mensagem é secreta, ele é somente o portador. Aécio lhe propõe uma escolta e um arauto para anunciá-lo aos hunos. O bispo recusa, dirige-se para a ponte. Na outra ponta, uma sentinela lhe faz sinal para parar. Ele pára. Trinta minutos se passam, Oreste aparece. O estandarte pontifical não lhe é desconhecido. Ele instala uma guarda de honra na saída da ponte e avança em direção à embaixada, fazendo sinal para que ela faça o mesmo. Chegando perto dele, o bispo desce do cavalo e Oreste também, o que é um fato notável. Os dois homens se saúdam. O bispo expõe a razão de sua visita: uma mensagem do papa para o imperador dos hunos. Oreste manda instalar a delegação sob uma tenda de gala, manda que lhe sirvam bebidas e comidas, apanha a mensagem e pede um tempo.

Volta duas horas depois. Átila saúda o papa e agradece-lhe por haver pensado nele. Vai recebê-lo no dia 4 de julho. A conferência acontecerá no campo Ambulée, atravessado pelo Míncio. Pede que de hoje até lá ninguém se mova entre os romanos, e ele mesmo também não se moverá.

O bispo dá sua palavra em nome dos romanos: a trégua é bem-vinda, eles não se mexerão. Oreste lhe estende uma mensagem selada, a resposta do imperador dos hunos a Leão. O bispo sobe de novo no cavalo e retorna a Roma.

No dia 4 de julho, por volta das onze horas, o papa se apresenta diante de Mântua, ladeado por Avieno, Trigetio e Prosper da Aquitânia no posto de secretário. Dez diáconos de branco os seguem com o estandarte pontifical e o crucifixo de prata. Dez legionários em trajes imponentes completam o cortejo. Ao lado de Leão I, Avieno representa o imperador do Ocidente; um diploma guarnecido com o selo imperial é a prova oficial.

É Aécio que os acolhe e acompanha até a entrada da ponte sobre o Míncio. Oreste os aguarda do outro lado. Leão pergunta quando ocorrerá o primeiro encontro. Oreste responde que será naquela tarde, na hora em que Leão quiser.

Oreste prossegue: Átila deseja que o papa vá descansar imediatamente, convida-o para jantar naquela mesma noite e a se sentar diante dele para que presidam juntos ao jantar. A conferência propriamente dita só começará no dia seguinte na hora escolhida pelo pontífice. Surpreendente solicitude do huno com o vigário de Cristo.

Leão aprova tudo. Ele descansará até as cinco horas e esperará Oreste em trajes pontificais para honrar o imperador dos hunos. Aceita o jantar, diz-se lisonjeado por presidir ao jantar com ele e escolhe as nove horas da manhã para abrir no dia seguinte a conferência.

Para encontrar o Flagelo de Deus, o papa usa "uma mitra de seda lavrada com ouro, arredondada à maneira oriental, uma casula de púrpura escura, com um pálio adornado com uma cruz vermelha sobre o ombro direito e uma outra maior do lado esquerdo do peito".

Átila está vestido à romana: grande toga branca de colarinho de arminho, preciosos colares caindo até embaixo sobre o peito.

O jantar começa e termina. A impressão é de que os dois presidentes – o imperador selvagem e o papa filósofo – não desagradaram um ao outro. Uma espécie de corrente teria passado entre eles. Simpatias profundas insuspeitadas.

A conferência do dia seguinte de manhã às nove horas é adiada. Átila e Leão decidiram se ver *tête-à-tête* durante a tarde. O encontro, do qual devem participar os dois senadores e Prosper da Aquitânia de um lado, Onegese, Edecon e Oreste do outro, foi marcado para o dia seguinte, dia 6, pela manhã.

Não se sabe o que podem ter-se dito Átila e Leão, sozinhos, na tarde do dia 5 de julho. Nunca se saberá. Mas a surpresa que resultou do encontro ainda causa espanto.

No dia seguinte, 6, na conferência geral, Átila declara em pessoa que tudo está resolvido. Ele deixará a Itália dia 8. O imperador do Ocidente lhe pagará durante cinco anos um tributo suportável. Promete deixar em paz a Gália e a Itália, com a condição de que ninguém venha perturbá-lo. Pede que Valentiniano faça com que Marciano pague-lhe o tributo com o qual se comprometeu Teodósio, o Calígrafo, seu predecessor. E espera de Marciano a mesma tranqüilidade demonstrada por Valentiniano. Caso contrário, não responde por nada. Depois saúda Leão I, declarando-se muito honrado pelo fato de o "homem mais sábio do mundo" ter vindo visitá-lo.

Segundo Prosper da Aquitânia, que tomou nota de tudo e é insuspeito, o papa teria ficado tão emocionado que permaneceu mudo.

Os dois homens, sem uma palavra, para o assombro de suas *entourages*, cumprimentam-se. O papa se retira. Troca os hábitos pontificais por um simples traje branco e solicita seu cavalo.

Oreste acompanha a embaixada até a ponte do Míncio. Aécio está à espera do outro lado. Pergunta o que ele deve fazer em Avenius. Preparar sua partida, responde o senador. Para partir quando? Amanhã à noite, o mais tardar. E Átila? Átila também vai embora. Quando? Depois de amanhã. Aonde irá ele? Aonde ele quiser. Aonde eu mesmo devo ir? Para Roma. Aécio, surpreso, insiste: é uma ordem? Sim, do imperador.

Átila levanta acampamento dia 8, como anunciado. Seu exército exulta. O butim é imenso. Todos foram bem aquinhoados, tanto mais que Átila ainda distribuiu às suas tropas uma enorme porção de sua parte pessoal, que era colossal. Mesmo sendo nômades e apaixonados por combate, os hunos estão felizes por voltar para casa finalmente ricos.

Sobem o Ádige através dos Alpes. Chegados na altura de Innsbruck, bifurcam na direção do lago Constance, de lá avançando até Augsbourg. O Danúbio não está mais longe, só falta descer o Lech, bem ao norte.

A proximidade de uma pátria indecisa, onde não terão nada a fazer além de aproveitar a fortuna, atiça a melancolia sempre latente no coração dos arqueiros a cavalo: uma última vez, querem ser eles mesmos antes de enlanguescer na estepe húngara. Suplicam a seu imperador que lhes conceda a pilhagem de Augsbourg. Átila hesita, depois diz: façam depressa! É perfeitamente obedecido.

# Por quê?

Essa terceira retirada de Átila surpreendeu a Europa. Ele desdenhara Constantinopla, o que já tinha sido incompreensível. Havia deixado os campos cataláunicos com um exército que continuava sendo três ou quatro vezes superior à coalizão ocidental, o que era mais incompreensível ainda. Mas renunciar a Roma? Ninguém entendeu.

Era para se acreditar em milagre? Em uma série de milagres ordenados para a salvação do Ocidente? A intervenção de Leão I favoreceu essa crença. A época era de superstição. Naquele tempo, a própria igreja tratava de irrigar os entusiasmos que lhe serviam. Acreditou-se em milagre.

Desde logo, Leão I tornou-se Leão, o Grande, e sua canonização inevitável. De acordo com Prosper da Aquitânia[19], Leão teria dito a Valentiniano no seu retorno para Roma: "Agradeçamos a Deus que nos salvou de um grande perigo". O papa poderia dizer outra coisa?

Nessa mesma ordem do improvável, uma lenda foi inventada para explicar esse desaparecimento de Átila, a lenda da *Oferenda a Helena*. Helena teria sido uma jovem romana, bela, pura e piedosa que morava nas vizinhanças de Mântua e que teria ficado sozinha na casa de sua família, abandonada pelos pais antes da chegada dos hunos, uma vez que ela nada temia – a não ser desagradar a Nosso Senhor.

Átila teria passado por lá, pedido para almoçar, e ela o teria servido. Eles teriam conversado a sós. Ela o teria informado de sua decisão de consagrar a vida a Deus, Deus de amor e de paz, e teria se mostrado assustada por vê-lo permanentemente guerreando e matando pessoas pobres. Átila teria replicado que, como Flagelo de Deus, ele era obrigado a cumprir sua missão. Quando a consideraria cumprida?, teria perguntado Helena. Ela já não estava cumprida? Átila teria ficado perturbado, teria prometido refletir. O resultado das reflexões teria levado à conclusão de sua entrevista com o papa.

Uma outra versão fazia dormirem juntos o imperador e a jovem cristã, que teria lhe sacrificado a virgindade contra a promessa de sua partida.

As mesmas hipóteses que haviam sido aventadas após o desdém de Constantinopla e a evacuação dos campos cataláunicos voltaram à superfície depois dessa partida. Essas especulações podem ser classificadas em três suposições principais.

Primeira: todas as batalhas são indecisas antes de terem sido travadas; Átila, vencedor de fato, evitara o risco do combate a mais. Para alguns, ele demonstrara uma sabedoria superior ao deprezar a glória de uma entrada na capital do império do Ocidente, a Roma de César e de Augusto. Para outros, uma estranha fraqueza que autorizava todas as esperanças de revanche.

Segunda: as revoltas que explodiam no oriente de seu império o haviam persuadido a se voltar para esse lado, sem insistir num cerco que podia não ser um combate fácil, que corria o risco de durar muito tempo e lhe custar mais no Leste do que ganharia no Oeste.

Finalmente, Átila estava ciclotímico e atacado de abulia em situações extremas. O medo de ganhar o paralisava. Em uma palavra, ele enlouquecera.

A questão da loucura – de uma certa forma de loucura, uma loucura que teria horror a qualquer conclusão – continua em aberto quinze séculos mais tarde. Haja vista o duque de Lévis-Mirepoix, historiador da Idade Média que apoiou com muito afinco o projeto de Maurice Bouvier-Ajam de escrever uma biografia do imperador dos hunos e que lhe disse quando ele a começou: "É você quem vai me esclarecer se Átila era ou não um energúmeno".

As três hipóteses evocadas acima são válidas nos três casos mais notáveis de retirada misteriosa. Uma quarta hipótese teria a ver necessariamente com a renúncia a Roma e a evacuação da Itália. A doença que Átila revelara a seus lugares-tenentes numa noite de janeiro de 452 em Buda poderia ter progredido de tal modo que o fazia se sentir definitivamente perdido. Então, preocupado como era com a sucessão, teria voltado para sua capital a fim de tomar as providências necessárias.

Ao voltar para as planícies danubianas, ele desapareceu durante vários dias. Seus médicos foram os únicos a vê-lo. Onegese encarregou-se da interinidade.

Quando reapareceu, ocupou-se primeiramente com o império do Oriente. Enviou à Panônia um destacamento do exército comandado por Oreste, que bastou aparecer para provocar a retirada da Mésia das legiões que o imperador Marciano mandara avançar para aliviar a Itália. Obtido esse recuo, Oreste enviou uma delegação a Constantinopla para reclamar o tributo consentido por Teodósio II e recusado por Marciano. Marciano não respondeu, mas se preocupou: reforçou suas guarnições dos Bálcãs.

Átila enviou ainda uma delegação para Roma. O tributo consentido por Valentiniano não tinha sido pago. O atraso era inadmissível. Valentiniano III tratou de pagar, apresentando desculpas e pretextando uma desordem administrativa.

Expediu armas para os francos ripuários – os francos das margens do Reno – que haviam sido seus aliados na campanha das Gálias e que ele precisava conservar. Retomou as relações com os burgúndios, que haviam sido aliados de Aécio de certa importância durante a mesma campanha. Tomou conhecimento com satisfação das desgraças dos alanos na Gália: Sangiban, o parasita da Sologne que o traíra diante de Orleans, acabou sendo morto nas terras dos visigodos. Os outros alanos que se tornaram insubmissos em toda parte, na Gália e na Espanha, foram praticamente exterminados.

Em compensação, os alanos do Volga, do Cáucaso e do mar Cáspio estão de novo cheios de energia: provocam as piores preocupações a seu filho Ellak e será preciso socorrê-lo mais uma vez; é uma questão de salvação do império.

Átila convoca seu estado-maior. Declara-se em perfeita saúde e anuncia sua partida em pessoa para as estepes do Leste a fim de fazê-las voltar à ordem. Depois disso, todos juntos, procederão à luta final contra os débeis impérios romanos. Nunca chegara a ir tão longe no desvelamento de suas intenções.

Portanto, ele não renunciou a nada. As evasões do Oriente e do Ocidente. Os três recuos mais importantes, diante de Constantinopla, na Champagne e diante de Roma não foram senão táticas. Recuadas para melhor saltar.

Ele parte, conforme anunciado, para a Ásia bárbara à frente de um corpo de cavalaria. Não há infantaria, não há artilharia. É a volta às origens: a cavalo, para diante. Vai encontrar por lá somente nômades montados, que desaparecerão no horizonte em um piscar de olhos se ele falhar ao cercá-los. Não falhará. Escolheu os melhores cavalos de uma criação numerosíssima, fortalecida pelas pastagens incomparáveis da *Puszta*. A questão é prontamente resolvida. Os rebeldes que em três meses não estavam mortos imploraram seu perdão em massa. Ele perdoa menos facilmente do que no passado; o tempo corre agora. Ele está cuspindo sangue, fraquezas inconcebíveis o transformam numa criancinha. Infeliz o império cujo imperador é uma criança!

Confia uma última vez o poder a Onegese, recomendando-lhe que prepare tudo para a luta final. Assim que voltar, Constantinopla; Roma cairá logo em seguida como uma fruta madura.

Tendo partido em setembro para o Cáucaso e o mar de Aral, no Natal tudo estava resolvido – por quanto tempo? – e ele estava de volta, após uma campanha de rapidez fantástica: seis mil quilômetros de cavalgadas, de negociações e de combates.

Ele dividira sua cavalaria em duas. Oreste seguiu para o Norte e ele mesmo desceu para o Sul até a região de Odessa ainda longe de existir – Armand Emmanuel, duque de Richelieu*, a desenvolveria para Alexandre I apenas catorze séculos mais tarde. Costeou o Mar Negro sem negligenciar a

* Político francês pertencente à família do cardeal de Richelieu, emigrou em 1789 e serviu o czar, que lhe confiou o governo da província de Odessa. (N.T.)

quase ilha de Sebastopol, para proceder à limpeza da estepe compreendida entre o Don, o Volga e o Cáucaso. Essa limpeza se resumiu a uma campanha de extermínio dos alanos, decididamente irredutíveis. Os alanos do Cáucaso e os alanos do mar Cáspio saem da História nesse ano e não se ouvirá mais falar deles. Entre Rostov, sobre o Don, e Astrakan, sobre o Volga, ele encontrou os mesmos povos robustos que também deveriam intrigar Oreste, constatando que a linguagem deles era a dos akatzires. Tais desconhecidos eram os khazars.

Estavam ali há muito tempo, ocupavam a bacia inferior do Volga, mas eram tão pouco numerosos e tão pouco sociáveis que passavam despercebidos, a ponto de terem sido considerados desaparecidos até serem encontrados bem mais tarde, na Criméia, pretendendo reconstituir o império de Átila.

Com os alanos liquidados e os akatzires domados, ele atravessou o Volga e prosseguiu seu serviço até a margem norte do mar de Aral. Depois, não se sabe mais.

Oreste atravessou a Ucrânia ao norte de Kiev e alcançou o Volga perto de Nijni-Novgorod, antiga Gorki. Chegou no rio Kama na altura de Molotov, hoje chamada Perm, e depois na fachada ocidental dos montes Ural.

Chocou-se diversas vezes contra adversários desconhecidos dispersos em pequenos grupos por todo lado, especialistas em ataques imprevistos, impossíveis de serem apanhados. Aparentemente sem ligação entre si embora certamente aparentados: a morfologia, a vestimenta, o equipamento, os reflexos, as onomatopéias eram bastante eloqüentes.

Encontrou-os no caminho de Kiev, no vale do Boug, no do Dnieper. Viu-os em maior número entre o Volga e o Kama. Mais numerosos ainda entre o Kama e o Ural, como se viessem do leste como todo mundo e estivessem apenas no começo de sua migração. Matou o máximo que pôde deles, mas ainda restaram muitos.

Eles eram bem mais selvagens do que os hunos. Verdadeiramente rústicos sob suas peles de animais, com um armamento primitivo – porém eficaz em suas mãos –, machados, dardos, arcos e fundas de fabricação grosseira, com capacetes e escudos de couro mal curtido.

Acreditou que viessem de além-Ural, mas acabou sabendo que eles não conheciam o Ural e de resto teriam sido incapazes de atravessá-lo. Espantosa incapacidade, sabendo-se que o Ural jamais foi um obstáculo importante. Talvez tivessem passado ao longo dele à distância, vindos da Sibéria.

Oreste concluiu finalmente um pacto de amizade com os bachkirs do Ural meridional e se voltou para o Volga, que ele tornou a atravessar para ir a Smolensk e de lá à Bielo-Rússia, depois à Polônia, atravessando o Vístula e retornando a Buda para aguardar seu imperador.

Há duas escolas diferentes no que diz respeito ao limite da progressão de Átila: a primeira pára seu périplo na embocadura do Amou-Daria, a segunda o faz ir bem mais longe. Subindo a margem esquerda do Amou-Daria, ele teria atravessado o Turcomenistão, enviando na ocasião uma embaixada para saudar o xá da Pérsia, e teria entrado na Bactriana, outrora um dos reinos gregos que sobreviveram a Alexandre.

A invasão da Bactriana pelos hunos na metade do século V é um fato histórico. Mas de que hunos se trata? É sobre esse ponto que se opõem as duas escolas citadas.

A primeira escola apóia-se em René Grousset, para quem esses invasores teriam sido hunos brancos das margens do mar Cáspio que avançaram para o sul através das estepes que separam o mar Cáspio do mar de Aral e de lá, avançando sempre, desceram até o Hindu Kuch, no norte do Afeganistão. Para a segunda escola, seriam os hunos de Átila. Mas, nesse segundo caso, coloca-se a questão do tempo.

Átila deixara a Europa central em setembro e estava de volta no Natal. Teria andado em menos de quatro meses até o mar de Aral, na direção leste, mais de seis mil quilômetros. A incursão na Bactriana teria acrescentado ao percurso pelo menos mais dois mil. Em cem dias, teria atravessado oito mil quilômetros, negociando, combatendo e reorganizando uma administração desmantelada. Atribuem-se os feitos conforme a reputação, mas tamanha performance parece mais ser fruto da imaginação.

Ele voltou por Odessa, pelo leste da Romênia, e reencontrou o Danúbio perto de Buda, onde Oreste o aguardava. Cansado devido ao ritmo da expedição gigantesca, mergulhou durante o resto do inverno nos últimos preparativos para o assalto final contra os impérios romanos.

# Final de combate

Com a aproximação da primavera, ele resolveu contratar um novo casamento para aquecer as pernas antes de marchar sobre Roma. Quantas vezes ele se casou? A conta é impossível. Também não se sabe o nome da eleita.

Priscos lhe atribuiu o nome de Ildico, mas é considerado apócrifo.

Ela tinha 16 anos, Átila 58. Teria sido uma princesa franca, dos francos ripuários do Reno, ou a filha de um chefe ostrogodo ou alamano, ou uma princesa dinamarquesa que teria largado tudo para segui-lo, ou uma princesa burgúndia que teria abandonado o noivo para se oferecer ao imperador dos hunos, que ela sempre admirara. Ou uma princesa visigoda da Aquitânia devidamente subjugada. Ou a filha de um rei de Bactriana capturada alguns meses antes.

Como se vê, nada é certo, a não ser que a bela era princesa.

Priscos atribuiu-lhe o tipo grego e longos cabelos louros que caíam até a cintura. Nada mais se sabe.

Casou-se com ela por volta do dia 15 de março de 453 durante uma festa magnífica mais parecida com uma concentração militar do que com comemorações nupciais, pois ele estava resolvido a entrar em campanha imediatamente após a noite de núpcias.

Não haverá campanha. Não haverá noite de núpcias. Mal se retirou para a tenda com sua última eleita, o imperador dos hunos começou a cuspir sangue e morreu.

No dia seguinte, ao meio-dia, ele não apareceu, e sua princesa também não. Não era seu costume. Edecon e Onegese foram bater na porta, acompanhados de numerosos membros de sua guarda e alguns de seus filhos. Nenhuma resposta. Edecon forçou a porta, seguido de Onegese.

Átila estva caído em cima da cama, com o rosto, o pescoço e o peito cobertos de sangue. Estava morto. Em um canto a noiva, encolhida dentro de peles, tinha o corpo inteiro tremendo, era incapaz de dizer uma palavra.

Os três médicos, o gaulês, o grego, o huno, foram chamados. Não notaram nada de suspeito. Nenhum vestígio de violência nem de envenenamento.

Apoplexia hemorrágica seguida de sufocação. Eis o que matou o imperador dos hunos. Os médicos não se surpreenderam. Ele vinha cuspindo sangue há muito tempo. Cuspiu muito forte ontem, deu no que deu. Vinho demais, carnes demais, excitação demais. Foi fatal.

A noiva foi interrogada. Eles estavam deitados um ao lado do outro, mas ele não tocou nela. Desabou imediatamente, vencido pela embriaguez, num sono cataléptico. Depois acordou para vomitar e lhe disse: "Não chame ninguém". Ela se levantou, enrolou-se na pele, foi para o canto. Logo em seguida, ele vomitou jatos de sangue, soluçando e se debatendo, depois rapidamente parou de se mexer.

"Não chame ninguém"... Ele quis dizer que se recusava a ser cuidado?

A grande sala do festim de núpcias foi esvaziada. Ergueu-se no centro um leito especial onde se depositou o corpo de Átila vestido de peles, a espada de Marte na mão direita, um pique de prata na esquerda, um escudo de honra aos pés.

Uma multidão enorme urrando de raiva juntara-se diante do palácio, reclamando o assassino. Dentro da sala onde se comprimiam todos os dignitários do império, Onegese e Edecon sentados perto do leito choravam sem parar. Scotta foi o primeiro que saiu para repreender a multidão.

É preciso que se acalmem, disse, não há assassino, a morte foi natural. Amanhã serão realizados os jogos fúnebres na planície onde Átila repousará sob uma tenda de seda. Durante esse tempo, sua tumba será cavada em um local secreto para evitar a profanação.

A tenda foi erguida ao crepúsculo. Átila foi transportado para lá e colocado sobre um monte de peles e tapetes preciosos. Seus filhos, Onegese, reis estrangeiros, dentre os quais o gepide Alarico, montaram a guarda de honra a noite inteira.

Os jogos fúnebres – corridas de cavalos, lançamento de dardos, tiro ao arco, danças, desfiles, simulações de combates, recitais de hinos épicos à glória do morto – ocuparam o dia seguinte, enquanto ao longe a tumba era cavada.

Quem a cavou e onde?

Não se sabe. Muito se procurou, mas ninguém encontrou. Sustentou-se que o palácio de madeira onde ele instalara sua conquista havia sido montado perto do Tisza, afluente da margem esquerda do Danúbio que atravessa de norte a sul a grande planície húngara sobre várias centenas de quilômetros, mas nada pôde ser provado. Afirmou-se que ele teria sido inumado dentro do leito do próprio rio, cujo curso teria sido desviado durante o tempo de cavar a tumba, depois restabelecido para escondê-la sob a água.

Como a localização da sepultura deveria permanecer secreta, os cavadores trabalharam longe da multidão que estava reunida para as núpcias e que ficou para os funerais. Imaginam-se sucessivos cordões concêntricos de sentinelas que proibiriam quem quer que fosse de se aproximar do centro, que necessariamente tinha que ser bem afastado do último círculo dada a platitude da planície, onde o olhar de um cavaleiro alcança mais longe do que o de um pedestre.

Pode-se pensar que os coveiros e instaladores de uma tumba decerto suntuosa teriam sido executados para garantir seu silêncio, como em outras situações históricas, o que mostra bem o respeito dos hunos por seu imperador morto. No entanto, essas histórias de degolamentos para garantir o segredo têm o defeito de serem absurdas: os degoladores sabem o segredo, é preciso degolá-los também para perpetuá-lo. E assim por diante até o fim do gênero humano, a menos que, completado o serviço, os próprios degoladores se degolem. E essa solução não é tão satisfatória quanto se crê. Nada garante que os abutres e outros carniceiros, volteando acima dos cadáveres, não tenham indicado as posições aos mais apressados violadores de sepultura.

Quinze séculos se passaram, o túmulo talvez tenha sido pilhado há muito tempo sem ninguém saber. Os ladrões não se vangloriam de seus roubos a não ser que lhes convenha. No caso de Átila, os vingadores ao longo dos séculos não teriam deixado de fazê-lo.

Admitem-se hoje as explicações dadas por Jordanes, o historiador godo que escreveu cem anos depois dos fatos. Contudo, sua prosa, muito exaltada, incita à dúvida sobre suas afirmações, tanto mais que ele não cita fontes.

Ele escreve que Átila teria, antes e durante as bodas, manifestado uma hilaridade constante. Nunca um noivo, sobretudo imperial, demonstrara tamanha alegria. Nenhum pressentimento mórbido teria lhe perpassado.

Jordanes escreve também – o que é melhor aceito, pois tal costume não era raro entre os importantes da época – que um caixão triplo foi feito para ele: o primeiro de ferro, onde ele foi depositado, o segundo de prata, onde foi colocado o primeiro, o terceiro de ouro, onde foi colocado o segundo. Estranha disposição, já que o inverso teria sido, parece, mais normal. O corpo do conquistador, glorioso há muito tempo, não teria merecido o contato com o ouro, o ouro inalterável, e sim o contato com o ferro, que enferruja e vira poeira?

O conjunto desceu à tumba para esperar o fim do mundo na presença de alguns íntimos que também guardaram segredo. Ao mesmo tempo em que, a uma boa distância dali, em um campo muito bem guardado, o exército inteiro partilhava o festim fúnebre dos hunos, chamado *Strava*, imensa bebedeira diante de montanhas de carnes cruas e assadas, explosão coletiva de vida que reduz a morte a nada, ou ao menos a pouca coisa.

Depois que Átila desapareceu, seu império explodiu imediatamente. Mal se passara um ano de sua morte, os ostrogodos e os gepides se revoltaram, os hunos foram esmagados na Panônia, e seu filho mais velho Ellak morria na batalha. Então, eles refluíram à estepe russa, levados por Denghizikh, outro filho de Átila, meio-irmão de Ellak. Três outros filhos,

Ernak, Emnedzar e Uzindur, pediram terras aos romanos. Ernak instalou-se na Dobroudja, e os outros dois na Mésia.

Quinze anos mais tarde, Denghizikh conduzirá uma última vez seus hunos contra o império do Oriente, no baixo vale do Danúbio. Será vencido e morto e sua cabeça exposta em Constantinopla, no meio do circo, em 468.

O último descendente conhecido de Átila, seu neto Mund, foi general do imperador romano do Oriente Justiniano e morrerá por volta de 560, ironia da sorte, em um encontro com os hunos que estavam há muito tempo sem condições de ameaçar o império.

O Império Romano sobreviveu 23 anos a Átila, sendo que seu ministro Oreste chegou a tomar o poder, e foi o filho de um de seus mais próximos lugares-tenentes, Edecon, chefe da artilharia, que acabou vencendo. O rapaz se chamava Odoacro. Era filho de Edecon com uma princesa scyre e se tornara rei dos hérulos do Mar Negro.

Oreste, romano, voltara à Itália depois da morte de seu chefe. Tendo se tornado chefe das milícias do imperador Julius Nepos, considerou-o incapaz e o depôs em 476, fazendo proclamar em seu lugar o próprio filho, Rômulo Augústulo.

Algumas semanas mais tarde, Odoacro invadiu a Itália, tomou Roma, depôs Rômulo Augústulo, mandou decapitar Oreste e, proclamando-se rei-patrício, devolveu a Constantinopla, onde reinava Zenão, as insígnias imperiais, restabelecendo muito formalmente a unidade do império e abolindo ao mesmo tempo o do Ocidente, ao qual o do Oriente sobreviverá mil anos.

# ANEXOS

# Referências cronológicas

**395**. Nascimento de Átila. Divisão do poder imperial por Teodósio I entre seus dois filhos, Honório e Arcádio. O primeiro terá o Império Romano do Ocidente, capital Roma; o segundo, o Império Romano do Oriente, capital Constantinopla.

**405**. Honório envia Aécio à corte do rei huno Roas, onde ele se torna amigo de Átila, que é o sobrinho de Roas.

**408**. Átila viaja à corte de Honório; reencontra Aécio.

**412**. Átila volta para junto de Roas. As relações são boas entre Roma e os hunos.

**413-421**. Átila se instrui no governo e se desloca sem cessar do Danúbio ao Cáucaso. Torna-se rapidamente o braço direito do tio.

**423**. Morte de Honório.

**424**. Valentiniano III, filho de Galla Placídia, irmã de Honório, que passa a ser a regente, é proclamado imperador do Ocidente.

**432**. O huno é o "primeiro aliado" de Roma, mas as relações são ruins com Constantinopla.

**434**. Morte de Roas. Átila se torna rei e depois, em 435, imperador autoproclamado. Tratado de Margus, primeira derrota do imperador do Oriente diante de Átila, primeiro triunfo de Átila.

**435-437**. Os hunos apóiam os romanos de Aécio contra os burgúndios, os bagaudas gauleses, os visigodos.

**446-447**. Átila ataca o império do Oriente e o coloca à sua mercê, mas renuncia a tomar Constantinopla.

**449**. Tratado de paz entre os hunos e o império do Oriente. Triunfo de Átila. Constantinopla decide assassiná-lo. O complô fracassa. A humilhação do império do Oriente é total.

**450**. Átila ataca o império do Ocidente na Gália. Os campos cataláunicos. Retirada de Átila.

**452**. Átila ataca o império do Ocidente na Itália. Põe o império à sua mercê, mas renuncia a tomar Roma sob as instâncias do papa Leão, o Grande.

**453**. Átila prepara sua campanha final contra os impérios romanos, mas morre no mês de março. Seu império explode logo em seguida.

# Referências bibliográficas

Textos antigos de contemporâneos de Átila:

Os únicos autores contemporâneos de Átila são Priscos, Sidônio Apolinário e Prosper da Aquitânia.

PRISCOS. *Journal.* Bonn, 1829: texto grego e tradução latina em *Corpus scriptorum historiae byzantinae*; *Fragmenta historicum graecorum*, Carolus Müllerus. Paris: Firmin-Didot, 1868.

Longos trechos de *Voyage en Hunnie* do *Journal* de Priscos foram traduzidos por MARCEL BRION, em *La Vie d'Attila.* Paris: Gallimard, 1928; Club des Librairies de France, 1958.

APOLINÁRIO, Sidônio. In : *Œuvres complètes*: *Préface du panégyrique d'Avitus*, *Panégyrique de l'empereur Avitus*, edição bilíngüe latim-francês de Eugène Baret, sob a direção de Nisard, Paris: Firmin-Didot, *Collection des auteurs latins*, 1887.

DA AQUITÂNIA, Prosper. *Chronicon*, publicado pelo abade Jacques Paul Migne em sua *Patrologie latine*, tomo LI, 1846.

Textos antigos posteriores a Átila:

*Histoire générale des Goths*, traduzido para o francês por Drouet de Maupertuis, Paris, Veuve C. Barbin, 1703.

CASSIODORE. *Chronicon*, publicado pelo abade Jacques Paul Migne em sua *Patrologie latine*, tomo LXIX, 1848.

JORDANES. *Histoire des Goths*, edição bilíngüe latim-francês de G. Fournier de Moujan, sob a direção de M. Nisard, Paris: Dubochet-Le-Chevalier, *Collection des auteurs latins*, 1849.

DIACRE, Paul. *Opera historica*, publicado pelo abade Jacques Paul Migne em sua *Patrologie latine*, tomo XCV, 1851.

Obras modernas:

BOUVIER-AJAM, Maurice. *Attila.* Paris: Gallimard, 1982.

BRION, Marcel. *La vie d'Attila.* Paris: Gallimard, 1928; Club des Libraires de France, 1958.

DEVIGNES, Geneviève. *Ici le monde changea de maître: Attila.* Paris: Éditions Internationales, 1953.

HAMBIS, Louis. *Attila et les Huns.* Paris: P.U.F., *Que sais-je?*, 1972.

PERCHERON, Dr. Maurice. *Attila.* In: *Les Conquérants d'Asie.* Paris: Payot, 1950; *Sur les pas d'Attila*, Del Luca, 1962.

THIERRY, Amédée. *Histoire d'Attila et ses successeurs jusqu'à l'établissement des Hongrois em Europe.* Paris: Librairie Académique Didier-Émile Perrin, 1884.

TROLONG, Édouard. *La Diplomatie d'Attila.* In: *Revue d'histoire diplomatique*, 22º ano, Paris, Plon, 1908.

Sobre os hunos:

GROUSSET, René. *L'Empire des steppes.* Paris: Bibliothèque historique, Payot, 2001.

# Notas

1. GROUSSET, René. *L'Empire des steppes.* Paris: Payot, 2001.
2. *Histoire de France depuis les origines jusqu'à la Révolution*, sob a direção de E. Lavisse, nova edição. Paris: Tallandier, 1981.
3. APOLINÁRIO, Sidônio. *Œuvres complètes.* Paris: Firmin-Didot, 1887.
4. BOUVIER-AJAM, Maurice. *Attila.* Paris: Tallandier, 1982.
5. *Ibid.*
6. *Ibid.*
7. PRISCOS, *Journal.* Paris: Firmin-Didot, 1868.
8. BOUVIER-AJAM, Maurice. *Attila. op. cit.*
9. *Ibid.*
10. PRISCOS. *Journal. op. cit.*
11. O *Journal* de Priscos é a fonte essencial deste capítulo e todas as citações são extraídas dele.
12. BOUVIER-AJAM, Maurice. *Attila. op. cit.*
13. JORDANES. *Histoire des Goths*. Paris: Dubochet-Le-Chevalier, 1849.
14. APOLINÁRIO, Sidônio. *Œuvres complètes. op. cit.*
15. *Ibid.*
16. PRISCOS. *Journal. op. cit.*
17. PROSPER DA AQUITÂNIA. *Chronicon*, 1846.
18. PROSPER DA AQUITÂNIA. *Chronicon*, *op. cit.*
19. *Ibid.*

# Sobre o autor

Nascido em 1937, Éric Deschodt foi jornalista da RTF, *Jours de France*, *Spectacle du Monde*, *Valeurs actuelles* e colaborou por muito tempo no *Quotidien de Paris* e no *Figaro-Magazine*. Escritor, publicou vinte obras, dentre as quais as biografias de Saint-Exupéry, Gide, Agrippa d'Aubigné, Barrès, bem como dez romances, como *Le roi a fait battre tambour*, *Le Royaune d'Arles* e *Le Scorpion d'or*.

## Coleção **L&PM** POCKET (LANÇAMENTOS MAIS RECENTES)

477.**Garfield um gato de peso (3)** – Jim Davis
478.**Canibais** – David Coimbra
479.**A arte de escrever** – Arthur Schopenhauer
480.**Pinóquio** – Carlo Collodi
481.**Misto-quente** – Charles Bukowski
482.**A lua na sarjeta** – David Goodis
483.**O melhor do Recruta Zero (1)** – Mort Walker
484.**Aline 2** – Adão Iturrusgarai
485.**Sermões do Padre Antonio Vieira**
486.**Garfield numa boa (4)** – Jim Davis
487.**Mensagem** – Fernando Pessoa
488.**Vendeta** ***seguido de*** **A paz conjugal** – Balzac
489.**Poemas de Alberto Caeiro** – Fernando Pessoa
490.**Ferragus** – Honoré de Balzac
491.**A duquesa de Langeais** – Honoré de Balzac
492.**A menina dos olhos de ouro** – Honoré de Balzac
493.**O lírio do vale** – Honoré de Balzac
494(17).**A barcaça da morte** – Simenon
495(18).**As testemunhas rebeldes** – Simenon
496(19).**Um engano de Maigret** – Simenon
497(1).**A noite das bruxas** – Agatha Christie
498(2).**Um passe de mágica** – Agatha Christie
499(3).**Nêmesis** – Agatha Christie
500.**Esboço para uma teoria das emoções** – Sartre
501.**Renda básica de cidadania** – Eduardo Suplicy
502(1).**Pílulas para viver melhor** – Dr. Lucchese
503(2).**Pílulas para prolongar a juventude** – Dr. Lucchese
504(3).**Desembarcando o Diabetes** – Dr. Lucchese
505(4).**Desembarcando o Sedentarismo** – Dr. Fernando Lucchese e Cláudio Castro
506(5).**Desembarcando a Hipertensão** – Dr. Lucchese
507(6).**Desembarcando o Colesterol** – Dr. Fernando Lucchese e Fernanda Lucchese
508.**Estudos de mulher** – Balzac
509.**O terceiro tira** – Flann O'Brien
510.**100 receitas de aves e ovos** – J. A. P. Machado
511.**Garfield em toneladas de diversão** (5) – Jim Davis
512.**Trem-bala** – Martha Medeiros
513.**Os cães ladram** – Truman Capote
514.**O Kama Sutra de Vatsyayana**
515.**O crime do Padre Amaro** – Eça de Queiroz
516.**Odes de Ricardo Reis** – Fernando Pessoa
517.**O inverno da nossa desesperança** – Steinbeck
518.**Piratas do Tietê (1)** – Laerte
519.**Rê Bordosa: do começo ao fim** – Angeli
520.**O Harlem é escuro** – Chester Himes
521.**Café-da-manhã dos campeões** – Kurt Vonnegut
522.**Eugénie Grandet** – Balzac
523.**O último magnata** – F. Scott Fitzgerald
524.**Carol** – Patricia Highsmith
525.**100 receitas de patisseria** – Sílvio Lancellotti
526.**O fator humano** – Graham Greene
527.**Tristessa** – Jack Kerouac
528.**O diamante do tamanho do Ritz** – S. Fitzgerald
529.**As melhores histórias de Sherlock Holmes** – Arthur Conan Doyle
530.**Cartas a um jovem poeta** – Rilke
531(20).**Memórias de Maigret** – Simenon
532(4).**O misterioso sr. Quin** – Agatha Christie
533.**Os analectos** – Confúcio
534(21).**Maigret e os homens de bem** – Simenon
535(22).**O medo de Maigret** – Simenon
536.**Ascensão e queda de César Birotteau** – Balzac
537.**Sexta-feira negra** – David Goodis
538.**Ora bolas – O humor de Mario Quintana** – Juarez Fonseca
539.**Longe daqui aqui mesmo** – Antonio Bivar
540(5).**É fácil matar** – Agatha Christie
541.**O pai Goriot** – Balzac
542.**Brasil, um país do futuro** – Stefan Zweig
543.**O processo** – Kafka
544.**O melhor de Hagar 4** – Dik Browne
545(6).**Por que não pediram a Evans?** – Agatha Christie
546.**Fanny Hill** – John Cleland
547.**O gato por dentro** – William S. Burroughs
548.**Sobre a brevidade da vida** – Sêneca
549.**Geraldão (1)** – Glauco
550.**Piratas do Tietê (2)** – Laerte
551.**Pagando o pato** – Ciça
552.**Garfield de bom humor (6)** – Jim Davis
553.**Conhece o Mário?** – Santiago
554.**Radicci 6** – Iotti
555.**Os subterrâneos** – Jack Kerouac
556(1).**Balzac** – François Taillandier
557(2).**Modigliani** – Christian Parisot
558(3).**Kafka** – Gérard-Georges Lemaire
559(4).**Júlio César** – Joël Schmidt
560.**Receitas da família** – J. A. Pinheiro Machado
561.**Boas maneiras à mesa** – Celia Ribeiro
562(9).**Filhos sadios, pais felizes** – R. Pagnoncelli
563(10).**Fatos & mitos** – Dr. Fernando Lucchese
564.**Ménage à trois** – Paula Taitelbaum
565.**Mulheres!** – David Coimbra
566.**Poemas de Álvaro de Campos** – Fernando Pessoa
567.**Medo e outras histórias** – Stefan Zweig
568.**Snoopy e sua turma (1)** – Schulz
569.**Piadas para sempre (1)** – Visconde da Casa Verde
570.**O alvo móvel** – Ross Macdonald
571.**O melhor do Recruta Zero (2)** – Mort Walker
572.**Um sonho americano** – Norman Mailer
573.**Os broncos também amam** – Angeli
574.**Crônica de um amor louco** – Bukowski
575(5).**Freud** – René Major e Chantal Talagrand
576(6).**Picasso** – Gilles Plazy
577(7).**Gandhi** – Christine Jordis
578.**A tumba** – H. P. Lovecraft
579.**O príncipe e o mendigo** – Mark Twain
580.**Garfield, um charme de gato (7)** – Jim Davis
581.**Ilusões perdidas** – Balzac
582.**Esplendores e misérias das cortesãs** – Balzac
583.**Walter Ego** – Angeli
584.**Striptiras (1)** – Laerte
585.**Fagundes: um puxa-saco de mão cheia** – Laerte
586.**Depois do último trem** – Josué Guimarães
587.**Ricardo III** – Shakespeare
588.**Dona Anja** – Josué Guimarães
589.**24 horas na vida de uma mulher** – Stefan Zweig
590.**O terceiro homem** – Graham Greene
591.**Mulher no escuro** – Dashiell Hammett
592.**No que acredito** – Bertrand Russell

593.**Odisséia (1): Telemaquia** – Homero
594.**O cavalo cego** – Josué Guimarães
595.**Henrique V** – Shakespeare
596.**Fabulário geral do delírio cotidiano** – Bukowski
597.**Tiros na noite 1: A mulher do bandido** – Dashiell Hammett
598.**Snoopy em Feliz Dia dos Namorados! (2)** – Schulz
599.**Mas não se matam cavalos?** – Horace McCoy
600.**Crime e castigo** – Dostoiévski
601(7).**Mistério no Caribe** – Agatha Christie
602.**Odisséia (2): Regresso** – Homero
603.**Piadas para sempre (2)** – Visconde da Casa Verde
604.**À sombra do vulcão** – Malcolm Lowry
605(8).**Kerouac** – Yves Buin
606.**E agora são cinzas** – Angeli
607.**As mil e uma noites** – Paulo Caruso
608.**Um assassino entre nós** – Ruth Rendell
609.**Crack-up** – F. Scott Fitzgerald
610.**Do amor** – Stendhal
611.**Cartas do Yage** – William Burroughs e Allen Ginsberg
612.**Striptiras (2)** – Laerte
613.**Henry & June** – Anaïs Nin
614.**A piscina mortal** – Ross Macdonald
615.**Geraldão (2)** – Glauco
616.**Tempo de delicadeza** – A. R. de Sant'Anna
617.**Tiros na noite 2: Medo de tiro** – Dashiell Hammett
618.**Snoopy em Assim é a vida, Charlie Brown! (3)** – Schulz
619.**1954 – Um tiro no coração** – Hélio Silva
620.**Sobre a inspiração poética (Íon)** e ... – Platão
621.**Garfield e seus amigos (8)** – Jim Davis
622.**Odisséia (3): Ítaca** – Homero
623.**A louca matança** – Chester Himes
624.**Factótum** – Charles Bukowski
625.**Guerra e Paz: volume 1** – Tolstói
626.**Guerra e Paz: volume 2** – Tolstói
627.**Guerra e Paz: volume 3** – Tolstói
628.**Guerra e Paz: volume 4** – Tolstói
629(9).**Shakespeare** – Claude Mourthé
630.**Bem está o que bem acaba** – Shakespeare
631.**O contrato social** – Rousseau
632.**Geração Beat** – Jack Kerouac
633.**Snoopy: É Natal! (4)** – Charles Schulz
634(8).**Testemunha da acusação** – Agatha Christie
635.**Um elefante no caos** – Millôr Fernandes
636.**Guia de leitura (100 autores que você precisa ler)** – Organização de Léa Masina
637.**Pistoleiros também mandam flores** – David Coimbra
638.**O prazer das palavras – vol. 1** – Cláudio Moreno
639.**O prazer das palavras – vol. 2** – Cláudio Moreno
640.**Novíssimo testamento: com Deus e o diabo, a dupla da criação** – Iotti
641.**Literatura Brasileira: modos de usar** – Luís Augusto Fischer
642.**Dicionário de Porto-Alegrês** – Luís A. Fischer
643.**Clô Dias & Noites** – Sérgio Jockymann
644.**Memorial de Isla Negra** – Pablo Neruda
645.**Um homem extraordinário e outras histórias** – Tchekhov
646.**Ana sem terra** – Alcy Cheuiche
647.**Adultérios** – Woody Allen
648.**Para sempre ou nunca mais** – R. Chandler
649.**Nosso homem em Havana** – Graham Greene
650.**Dicionário Caldas Aulete de Bolso**
651.**Snoopy: Posso fazer uma pergunta, professora? (5)** – Charles Schulz
652(10).**Luís XVI** – Bernard Vincent
653.**O mercador de Veneza** – Shakespeare
654.**Cancioneiro** – Fernando Pessoa
655.**Non-Stop** – Martha Medeiros
656.**Carpinteiros, levantem bem alto a cumeeira & Seymour, uma apresentação** – J.D.Salinger
657.**Ensaios céticos** – Bertrand Russell
658.**O melhor de Hagar 5** – Dik Browne
659.**Primeiro amor** – Ivan Turguêniev
660.**A trégua** – Mario Benedetti
661.**Um parque de diversões da cabeça** – Lawrence Ferlinghetti
662.**Aprendendo a viver** – Sêneca
663.**Garfield, um gato em apuros (9)** – Jim Davis
664.**Dilbert 1** – Scott Adams
665.**Dicionário de dificuldades** – Domingos Paschoal Cegalla
666.**A imaginação** – Jean-Paul Sartre
667.**O ladrão e os cães** – Naguib Mahfuz
668.**Gramática do português contemporâneo** – Celso Cunha
669.**A volta do parafuso** *seguido de* **Daisy Miller** – Henry James
670.**Notas do subsolo** – Dostoiévski
671.**Abobrinhas da Brasilônia** – Glauco
672.**Geraldão (3)** – Glauco
673.**Piadas para sempre (3)** – Visconde da Casa Verde
674.**Duas viagens ao Brasil** – Hans Staden
675.**Bandeira de bolso** – Manuel Bandeira
676.**A arte da guerra** – Maquiavel
677.**Além do bem e do mal** – Nietzsche
678.**O coronel Chabert** ***seguido de*** **A mulher abandonada** – Balzac
679.**O sorriso de marfim** – Ross Macdonald
680.**100 receitas de pescados** – Sílvio Lancellotti
681.**O juiz e o seu carrasco** – Friedrich Dürrenmatt
682.**Noites brancas** – Dostoiévski
683.**Quadras ao gosto popular** – Fernando Pessoa
684.**Romanceiro da Inconfidência** – Cecília Meireles
685.**Kaos** – Millôr Fernandes
686.**A pele de onagro** – Balzac
687.**As ligações perigosas** – Choderlos de Laclos
688.**Dicionário de matemática** – Luiz Fernandes Cardoso
689.**Os Lusíadas** – Luís Vaz de Camões
690(11).**Átila** – Éric Deschodt
691.**Um jeito tranqüilo de matar** – Chester Himes
692.**A felicidade conjugal** ***seguido de*** **O diabo** – Tolstói
693.**A viagem de um naturalista ao redor do mundo** – vol. 1 – Charles Darwin
694.**A viagem de um naturalista ao redor do mundo** – vol. 2 – Charles Darwin
695.**Memórias da casa dos mortos** – Dostoiévski
696.**A Celestina** – Fernando Rojas
697.**Snoopy (6)** – Charles Schulz
698.**Dez (quase) amores** – Claudia Tajes
699.**Poirot sempre espera** – Agatha Christie
700.**Cecília de bolso** – Cecília Meireles

GRÁFICA EDITORA
Pallotti
IMAGEM DE QUALIDADE

*Santa Maria - RS - Fone/Fax: (55) 3220.4500*
**www.pallotti.com.br**